민속문화 발자취

KB141817

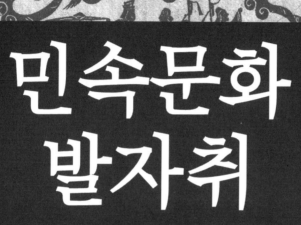

민속문화 발자취

심우성 지음

출판 답게

도서출판 「답게」. 무슨 뜻인가 물었더니 「나답게, 우리답게, 책답게」라 하십니다. 작년에도 저의 책 《전통문화의 오늘과 내일》을 내 주셨는데, 또 한 권을 만들어 주시겠답니다.

비슷한 《민속문화 발자취》입니다.

이 책을 내는데 힘을 보태준 「씨알재단」 함인숙, 진인경 님, 「하늘 땅」 대표 김은진 님, 그리고 자식 같은 이한철 군, 고마웠소이다.

고마우신 장소님 대표, 박정희 선생 그리고 「답게」 식구 모두께 감사드립니다.

인사동 골목방에서

심우성

/ 차 례 /

북소리

인간이 만들어 낸 원초적 「악기」라면 아마도 「북」의 형태가 아니었을까 싶다.

오늘의 북처럼 구조적 기능을 갖춘 것은 아니었지만 어떤 물체와 물체를 부딪침으로써 소리를 낸 타악기의 시원을 유추類推해 볼 수 있지 않을까. 원시 공동체 사회의 제의祭儀에서 있었을 신神과의 통화通話 과정에서 북과 같은 타악기를 두드리면서 춤을 추고 노래를 부르지 않았었을까. 처음에는 어떤 단순한 물체와 물체를 부딪는 소리였으나 그 소리의 확대를 위하여 오늘날의 북처럼 나무통에 가죽을 씌우는 단계로까지 점진적으로 발전한 것은 아닐까.

어느 문화권 어느 민족에게나 그의 형태는 다르지만 나름

의 독창적인 북이 있으니 모름지기 악기의 기본은 북이 아니었을
까 싶다.

　우리 민족도 「민속악」, 「정악」을 통틀어 줄잡아 30여종의
북을 가지고 있다. 단 하나의 북으로 「판소리」를 끌고 나가는
「소리북」이 있는가 하면 행악行樂인 「대취타」에서도 북이 큰 구
실을 한다. 「북춤」의 종류도 다양해서 농사의 현장에서는 「모방
구 춤」을 추고 춤꾼들의 춤판에서는 여러 틀의 북을 놓고 「오고
무五鼓舞」니 「구고무」니 하는 화사한 춤사위와 가락을 뽐낸다.

　「승무」의 마무리도 역시 「북가락」이다. 큰 북 하나를 놓
고 흡사 타악기의 합주인 양 심금을 사로잡는다. 한편 종묘제례
악宗廟祭禮樂을 비롯하여 정악계열에서 쓰이는 북의 종류가 다양
하고 모양도 아름답다. 풍물(농악)에서의 북도 사물四物(꾕과리,
징, 북, 장고) 가운데 중요한 역할을 한다.

　「북」은 가슴에 뛰는 심장에 비유하니 우리가 흔히 쓰는
고동鼓動이란 말이 떠오른다. 「고동」을 사전에서 찾아보자. "…
몸에 피가 도는데 따라 벌떡벌떡 뛰는 염통의 운동…"이라 했
다. 염통은 바로 심장이니 오장육부五臟六腑 가운데서도 중심이요,
핵심이라 하겠다.

　각설却說하고—.
　악기 중에서도 그의 구조가 단순하다면 단순한 이 북이 어

째서 모든 악기의 중심이 되는 것일까?

'염통'이란 모든 핏줄이 여기에 모이며 '정맥'에서 돌아온 피를 받아 '동맥'으로 보내는 펌프 구실을 하는 것일진대, 그와 비유된 북도 역시 사물의 어울림에서 맺고 이으며, 흐름을 정해주고 있다는 뜻에서 이리라. 그러면 그런 「고동소리」의 몇 예를 찾아본다.

◉ 뙤약볕 아래 논을 매고 있는 농군들의 힘을 덜기 위하여 「모방구꾼」이 논두렁에서 북을 울리고 있다. 논 매는 일꾼의 호흡에 맞춰 허리를 펴고 구부릴 때마다 쿵! 쿵! 고동이 울리고보면 끊어질 듯 아팠던 허리가 시원해지면서 불현듯 노랫가락이 흘러나온다.

"…얼럴럴 상사디여! 얼럴럴 상사디여!…"

논빼미에 울려 퍼지는 「모방구소리」는 일노래의 장단이면서 일꾼들의 생동하는 숨소리이다.

◉ 옛 전통시대의 길군악에서도 북이 주종을 이루었었다. 진군의 신호는 북이었으니 "북을 울려라"하며 울려 퍼지는 당당한 북소리가 바로 "진군나팔"을 대신했다.

◉ 백성이 억울한 일을 나라에 고하고자 할 때 울렸던 큰 북 「신문고」는 이미 조선왕조 태종 원년 1401년 대궐 문루에 달렸었다. 둥!둥!둥!둥! 백성의 하소연을 북소리로 대신했음은 그 소리의 간결하면서도 명료함에 있었지 않았을까.

◉ 우리의 민속예술은 악가무樂歌舞가 하나로 어울린 모양새였다. 그 예로 「오북놀이(밀양 백중놀이 : 중요무형문화재 제68호)」가 있다. 동·서·남·북 중앙을 나타내는 다섯의 북잡이가 처음에는 완만하게 원을 그리며 춤을 추다가 노래를 부르면서 하나의 작은 우주를 그리듯이 다섯 방향으로 흩어졌다 모이면서 북을 친다.

구성진 '덧백이 장단'에 넌출대며 춤을 추다가 '자진가락'으로 흥을 몰아가노라면 북소리는 어느덧 현악인 양 매끄러운 흐름을 이루게 된다. 한동안 잔잔히 흘러가다가는 갑자기 바위를 만난 듯 부딪치며 휘몰아가다가 다시금 잔잔한 여울을 지나듯 한다. 어찌 두드리는 타음에서 이처럼 매끄러운 현악의 세계를 이루어내는 것일까?

어느 경지에 이르고 보면 「관악」, 「현악」, 「타악」의 분별이 없어지고 마는 것인가? 다섯의 '북'이 만나며 부딪치며 또 엇갈리는 타음 속에서 희노애락의 한 생애와 만나고 있음은 나만의 착각일까? 세 뼘 남짓한 북이련만 그 소리의 세계가 달라짐은 이 어인 연유일까?

심산유곡 한 물줄기의 발원지로부터 골짜기와 시내와 강변을 지나 망망대해로 흘러드는 한 폭의 풍경화를 그려내는 저 「오북소리」 참으로 자랑스럽구나.

「북소리」 그것은 분명 '고동소리' 이기에 모든 소리의 조종임이 분명하다.

북, 북틀   북, 북틀, 북채

스님의 북춤   박병천(1933년~2007년)_북춤

「등燈」과 「넋전」의 세계

　「등」이란 한없이 '어둠'을 밝히는 창조적創造的 작품이다. 그의 역사는 참으로 오래고도 넓어서 특히 「당(巫)집」이나 「절(寺)집」 등에서는 「등」을 만들어 높이 달고 「넋전」을 양 손에 들고 춤을 추었으니 그 모습은 아주 다양했다.

등

사각 등

팔각 등

원 등

수박 등

물고기 등 ……

(크고 작기와 그의 '모양새', '빛깔' 등도 또한 다양했음)

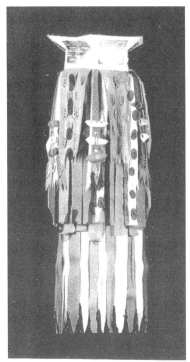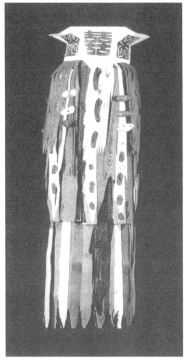

「절집」의 「등」들

넋전

　마음속의 「넋」을 종이로 모양나게 오려서 꾸민 '종이사람' 을 「넋전」이라 하는데, 역시 '크기', '빛깔' 등은 다양하며 이 를 손에 들고 추는 춤을 「넋전 춤」이라 한다.

〈넋전 춤〉이란?

옛날에는 삼천리에 세워졌던 「당집」이나 「절집」 등에서는 「넋전」을 손에 들고 「아리랑」을 부르며 「넋전 춤」 추는 곳이 많았었는데 요즘은 거의 없어져가고 있다. 「넋전 아리랑」 그것은 우리 겨레가 읊조린 애환哀歡의 노래요 의례儀禮로운 춤이기도 했었는데 어이하여 없어져가고 있는 것일까. 한편 옛 기록을 보면 「넋전 춤」을 「전무奠舞」* 또는 「지전紙翦」** 이라 했었는데 거의 없어져가고 있다.

〈넋전 아리랑〉

노래하며 춤추었던 한겨레의 춤이요 노래였는데… 역시 멀어져 가는가. 하나의 민족이 둘로 갈라진 오늘에는 간혹 「넋전 아리랑」을 놓고는 슬며시 「넋전」을 떼어 태워 버리기도 한다. 왜 이럴까? 오늘의 「넋전」에는 「잡귀 · 잡신」이 묻어있기 때문은 아닐까?

허 허, 이 고약한 「잡귀 · 잡신」 우리 힘을 다하여 깨끗이 없애 버려야 하지 않을까. 당장 해야만 할 참으로 긴요하고도 시급한 일이로다.

---

* 전무奠舞 정할(전), 춤(무)
** 지전紙翦 종이(지), 자를(전)

천지신명이시여!

삼가 아뢰옵나이다.

「단군」이시여!

부디 보살펴 주옵소서!

천세 만세

천만세 하여 주옵소서-.

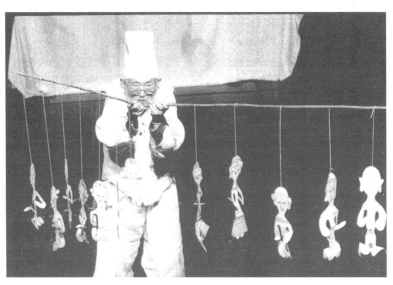

「넋전」을 단 대나무

「넋전」이란 무엇인가

「넋」을 한자漢子로는 '정신 혼魂', '혼인할 혼婚'이라 한다.
〈우리말 큰 사전〉에서 보면 "…사람의 몸에 있으면서 목숨이 붙어있게 하며 몸이 죽어도 영원히 남아있다는 초자연적인 것"으로 설명하고 있다. 사전의 설명만으로는 알 듯 모를 듯하다. 요즈음은 옛날처럼 많이 쓰이지 않는 말이면서도 나이 많은 계층에게서는 그런대로 자주 쓰이고 있다.

다시 〈우리말 큰 사전〉에서 찾아본다.

넋전지기_굿 : 진도 씻김굿, 물에 빠져 죽은 이의 넋을 물속에서 건져내어 그 한을 풀어주는 영혼을 씻어주는 굿

넋_걷이(넉거지) : 죽은 사람의 넋을 거두어들이는 말, 또는 그러한 때의 노래

넋_굿 : 죽은 이의 넋이 저승에 잘 건너가기를 비는 굿(위령제)

넋_대 : 무당이 물에 빠져 죽은 사람의 넋을 건지는 데 쓰는 장대

넋_두리 : 무당이 죽은 이의 넋을 대신하여 하는 말

넋_들림 : 제주도 굿에서 넋이 몸에서 나간 까닭으로 생긴 병을 고친다며 하는 굿

넋반 : 넋을 담는 데 쓴다고 하는 소반

이런 설명들이 「넋」을 이해하는 데 도움이 되었으면 한다.

다시 처음 설명의 마무리 부분에서 넋을 '초자연적인 것'이라 함은 역시 어려운 설명이다. 생각 속에 마음속에 있는 것이란 뜻으로 결국 실존하는 존재가 아님을 표현하고 있다. 다시금 위와 연관된 〈우리말 큰 사전〉에서 자료를 찾아보자. 꽤 여러 종류가 있으니 다음 항목을 증빙자료로 삼는다.

"… 옛부터 육체는 죽어도 넋은 계속 존재한다고 생각하였다. 이 넋은 혼백魂魄을 일컫는데, 무당은 영靈에 붙들려 점과 예언을 한다. 흔히 망혼亡魂을 가라앉히기 위하여 진혼제鎭魂祭를 올리는데 무당이 노래나 춤을 추고 방울을 흔들면서 넋을 부른다.…"

한편 '굿판'이나 '고사반(또는 비나리판)'에서의 넋전을 보아도 실존보다 상상적·상징적 성격을 지니고 있다. 이 넋전으로 추는 춤인 '넋전 춤'의 반주이기도 한 '비나리'에 대하여 알아보기로 한다. 비나리는 조상들의 일상적인 생활 속에 깊이 뿌리 내렸던 고사꾼의 굿판에서 고사문서를 읊조리는 '소리'를 '비나리'라 했다. 지금은 귀해졌지만 '넋전', '넋전 춤', '비나리'하면 우리 민족의 굿판을 이끌며 발전시켜 온 기본이었다. 지금처럼 없어진 것은 아마도 외래문화의 일방적 침탈로 이 꼴이 된 것이리라.

다시금 '넋전 춤'의 이야기로 돌아온다. '넋'에 '전'이 붙어 '넋전'이 된 것인데 '넋전'이란 넋을 모양내어 오린 종이로 바로 '종이사람'이다.

지금도 '넋전'이 굿에서 아주 없어진 것은 아니다. 지역에 따라서는 아직도 굿 중에 '넋전'을 들고 '넋전 춤'으로 굿을 진행하는 곳이 다소 있다. 나는 이 굿판에서의 「넋전 춤」에 아주 심취하고 말았다.

그뿐인가ㅡ. 굿청을 장식하고 있는 설위說位의 모양새, 참으로 뛰어난 '무대장식'이다.

〈넋전 아리랑〉 대학로 문예회관 소극장(1991년 3월 5일~7일)

넋전 춤

넋전 오리기

나는 근년에 제주도에 산 적이 있었는데 귀중한 굿청 자료와 만날 수 있었다. 아쉽게도 이제는 저세상 사람이 되셨는데 중요 무형문화재 제71호「제주 칠머리당 영등굿」예능보유자 안사인安仕仁(1928~1990)과의 만남이었다.

그가 보존하고 있었던「기메전지」는 15종이나 되는데, 이제는 누가 되살릴 수 있을까….

(1) 감상기 (2) 체샷기 (3) 영겟기 (4)성줏기

(5)군문기 (6)살전기 (7)오방기 (8)오방각기

(9)줄전기 (10)시왕기 (11)멩감기

(12)칠원성군 송낙 (13)할망송낙 (14)칠성신상

(15) 큰대

실은 내가 제주도로 건너가기 직전 위와 비슷한 충청남도 대전大田에서 만난 큰 무당 김영순(보살)은 1925년생 충남 금산군 제원면 태산리 출신으로 1950년대부터 평생을 무업巫業에 종사하고 있었다. 그로부터 이미 육지 무당의「굿청(巫廳)」의 내용을 들은 적이 있어서 더욱 반가웠다.

김영순 큰 무당의 「굿청」

(1)가택안정 설경 (2)재석설경 (3)십대왕 설경

(4)팔보살 설경 (5)삼장군 설경 (6)조상안정 설경

(7)나비 설경 (8)지전 설경 (9)동자 설경

(10)12대감 설경 (11)영혼탑 설경 (12)부부인연 설경

(13)영혼기 설경 (14)지옥 설경 (15)잡신 설경

(16)거리 설경 (17)용수철망 설경 (18)퇴신 설경

이밖에도 경상남도 부산에 거주하면서 남해와 동해안의 「해년굿」을 주관하여 온 고 김석출金石出 박수(남사무낭)와 그의 가족들의 「넋전 오리기」와 「종이 꽃」, 「종이 등」 등의 뛰어난 솜씨. 참으로 다시 만나고만 싶다.

이상은 필자가 그동안 직접 가까이 접했던 '무당', '박수' 이셨는데, 이밖에도 전국에서 활동하신 분이 많으셨다. 북녘 출신의 무격巫覡들도 특이한 솜씨가 있어 고루 살펴 볼 필요가 있겠다. 예컨대 황해도의 「만구 대탁굿」을 보면 굿판을 가득 채우는 「십이지十二支」, 「꽃」, 「등燈」, 「넋전」 등 참으로 다양하다.

다음은 현재 '중요 무형문화재'로 지정되어 있는 종목들이다.

제71호   「제주 칠머리당 영등굿 보유자」
안사인安仕仁

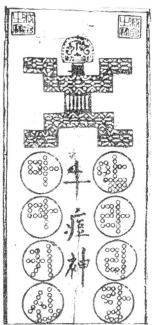

「제주 칠머리당 영등굿」 안사인安仕仁   설위設位 마마귀신

제82-가   「동해안 별신굿」 부산광역시 고故김석출,
          김유선

제82-나   「서해안 별신굿」 인천광역시 최음전,
          김금화, 안승삼

제82-다   「위도 띠뱃놀이(띠뱃굿)」
          전라북도 김상원

제82-라   「남해안 별신굿」 경상남도 정영만

제98호   「경기도 도당굿」 경기도 오수복

제104호   「서울 새남굿」 서울특별시 고故 김유감,
          이상순

　　이상 각 지역의 굿들에서의 「제차」와 「꾸밈새」는 모두가
소중한 것이다. 그런데 이제껏 소개한 「기메」, 「지전」, 「설위」,
「설경」, 「넋전」 등에서 너무도 그 내용이 미진하였음을 어찌하
면 좋으랴. 서둘러 접근 분석하여 기초적 입문서入門書라도 꾸밀
수 있는 길을 열어야 할 것이다.

민족의 노래 「아리랑」

- 넋전 아리랑, 통일 아리랑 -

「아리랑」 문을 연다.

한 민족임을 상징하는 겨레의 노래, 긴 세월의 역사를 지닌 '아리랑', 각 지역마다 분포한 다양한 아리랑들, 세계 각지 겨레가 있는 곳엔 아리랑이 있다.

허 허 그런데―
쪼개진 남과 북, 우리 함께 아리랑으로 하나 되어야 하겠구나!
우리 서로 손에 손을 잡고 목청껏 아리랑을 부르자꾸나!
허 허 그런데 이를 어쩌나―
어언 60여 년 전의 일이 되고 말았으니―.

1945년, 「해방의 해」까지만 해도 조국이 둘로 갈라지지는 않았었다. 그런데 그 무렵의 이야기는 너무도 애절하고 가슴 아팠었다.

   ○ 삼천리 곳곳에서 힘든 '독립운동'

   ○ 나라 떠나 '임시정부' 세우고

   ○ 「3·1독립운동」 있었는가 하면,

   ○ 강대국들에 의한 「6·25난리」

   ○ 그래서 두 나라로 쪼개진 조국!

허 허

갈라진 땅, 다시 하나 되고픈 마음으로 글의 제목을 「민족의 노래 아리랑」으로 하련다.

삼천리에 가득했던 삶의 터, 민가民家들에서는 물론이요 그 외에도 당집(巫家)과 절집(佛家) 등에서도 '종이'를 오려 '넋전'을 들고 아리랑을 부르며 「넋전 춤」 추는 곳이 많았었는데 지금은 거의 없어져가고 말았다.

「넋전 아리랑, 통일 아리랑」

그것은 우리 겨레가 읊조린 애哀와 환歡의 노래이며 의례儀禮로운 춤이기도 했었는데 어이하여 없어져가고 있는 것일까.

백성들이 사는 마을의 큰 마당에서는 '넋전 춤'이 가득했고, 무가巫家에서는 「무무巫舞(무당 무, 춤 무)」를 추며 시끌시끌했고, 절집(佛家)에서는 「지전무紙剪舞(종이 지, 자를 전, 춤 무)」 또는 「전무奠舞(정한 전, 춤 무)」 등으로 춤판이 계속되었다.

「넋전」이란 '넋'의 모양을 내어 종이로 오려 꾸민, 「종이사람」임은 물론이다. 「넋전」을 어떤 이는 「넋풀이」라고도 하는데, 내용은 거의 같은 것이다. 「종이사람」을 들고 아리랑을 부르며 춤추는 「넋전」, 「넋풀이」 참으로 보배로운 춤의 세계요, 민심民心의 깊은 흐름이기도 했다.

얼싸안음의 겨레사랑,

참으로 따스하고 자랑스럽기만 하구나!

그런데—

나라가 둘로 갈라진 오늘에는 「넋전 아리랑」을 놀고난 뒤, 걸려있는 「넋전」을 슬며시 떼어 슬쩍 태워버리기도 한다.

어인 일일꼬?

오늘의 「넋전」에는 외세의 「잡귀·잡신」이 묻어있기 때문은 아닐까?

허 허

이 고약한 잡귀·잡신!

우리 힘을 다하여 깨끗이 없애버려야 하지 않을까. 당장 해야 할 참으로 긴요緊要하고도 시급한 일이로다.

허 허

이건 또 어인 일인고?

「어린 싹」을 가득 태운 '세월호'.

'세월호'의 침몰이라니! 이 어인 죄악인고―.

나라를 고쳐 바로 잡지를 않고서는 살아 갈 길도 없을 것
만 같구나!

이러다간 「통일」은 아주 멀어질 수밖에 없겠구나!

천지신명이시여 삼가 아뢰옵나이다.

「단군왕검」이시여 부디 보살펴 주옵소서.

만세 만세 만만세 하여 주옵소서!

절 올리옵나이다.

모두 함께 큰 절 올리옵나이다!

아리랑 아리랑 아라리요

아리랑 고개로 넘어넘어 간다!

넋전 넋전 아라리요

통일 통일 아라리로다

만세 만세 만만세 하여 주옵소서―.

「병신굿」에 대하여

　　나에게 「풍물」에 관한 발자취, 옛 모습을 소상히 알려주신 분은 최성구崔聖九 옹이셨다.(1970년대 초)

　　자기 나이가 60여세 또는 70여세라 왔다갔다 함은 허약한 노인인 탓이 아닐까? 자기는 아주 어려서부터 「남사당패」, 「중매구」 등에서 「상쇠」를 맡으셨단다. 전국을 떠돌았었는데 부모님은 자기가 아주 어려서 저세상으로 가셨으니 '고향', '출생지' 모두 모르신단다.

　　내가 최성구 옹과 처음 만난 것은 내 나이 스물이 갓 넘었을 때였다. 당시 나는 서울 제3한강교 근처 강변 허름한 넓은 집에 묵고 있었다. 나는 전국의 풍물패(서울 경기), 풍장패(전라도), 매구패(경상도)를 찾아 떠돌고 있을 때였다.

　　충청남도 논산군의 큰 마을 '풍물마당'에서 만났던 젊은

'상쇠' 김용배金容培가 이 집에 가끔 오고 있었다. 그러던 어느 날 그는 한 노인을 뫼시고 나타났다. 자기에게 「쇠가락」을 알려 주신 분(최성구)이시란다.

이 「최성구 옹」 말씀 ―

자기는 어려서부터 「남사당패」, 「중매구패」 였는데 「중매 구패」로 있을 때 「병신굿」이란 재미있는 재담으로 엮은 구경꺼 리를 했었단다. 그런데 요즘은 「병신굿」을 놀 줄 아는 사람이 없어지고 말았단다.

매사에 궁금증이 많은 나인지라 최 옹께 「병신굿 재담」을 알려주십사 했다.

참으로 놀라운 일이다. 최성구 옹께서는 한문漢文에 관한 상식도 대단하셨다. 이 글의 뒤에 정리한 최성구 옹께서 엮어주 신 「병신굿 재담」을 보아주시기 바란다. 놀라운 일이 가득하다.

뒤에 실은 최성구, 김용배 두 분의 사진은 신문, 월간지 등 에서 복사한 것이고, 한 장의 「넋전 춤」은 1990년대말 충청남도 공주시 「공주민속극박물관」에서 있었던 「병신굿 연희」 장면이다.

최성구催聖九   김용배金容培

2천년대 초엽, 「한국민속박물관」에서 있었던 「병신굿 연희」 때의 「넋전 춤」

「병신굿」 재담

재담 : 최성구
기록 : 심우성

에 헤이여
에 헤이야

허 허 허—.
이 사람아
네가
바로
병신이런가

에 헤이야!
에 헤이여!

네가
바로

하는 짓이
병신굿 이었던가

병신의 종자
많고도 많고 보니
다리
팔을
못 쓰는 놈!
네가 바로
병신인가

능라도 수양버들
휘영청 잡고서
가지에 매달려
생야단만 치는구나!

십오야十五夜
뜬 달아
내 말씀
들어보소

우리님 계신 곳을

비춰만 주시구려

올곧은 사내의 길

비춰만 주시구려!

계집이라 누구나에

정情을 주지 말고서

올곧은 사내의 길

닦아만 주시구려

십여세

어여쁜

남과 여들아

백발보고

헛되이

비웃지를 말아다오

바람아 광풍狂風아

불지를 마소

송풍낙엽松風落葉이

다 떨어진다

세월은 가는 것

흐르는 물과 같고

사나이 늙음이

솔솔 바람

타고 온다

한밤중 되면은

님 생각만 나는데

동벽東壁을 안고서

새우잠만 자는구나

이목구비 하나하나

분명키만 하건 만은

어느새

병들어

늙어만 가는건가

오가는

곳곳에다

온정溫情만

심어놓고

너 나 없이

헤어지니

어찌하란

말이던가

잊을 망자忘字

병들 병자病字

두 글자 뿐인데

텅 빈 사내꼴이

보잘 것 가히 없다

이것 참

허망쿠나

이별만이 이어지나

친우들아

동무들아

어느 사이

우리 모두

시들어만

가는 걸까

여보게 여보게

병신굿 친우들아

멀쩡한 손과 발이

시들어만

가는구나

우리

이를

어쩔건가

서늘한 손과 손을
서로 함께
잡아보세

병신스런 굿이지만
심정만은 너그러워
따스해 질것이라—.

허 허 허

'병신굿' 마무리는
온기溫氣롭게
할 것일세.

민속놀이 쌍육雙六

「쌍육놀이」 지금은 거의 전승되질 않고 있는 좀 까다로운 '민속놀이'여서 아는 사람조차 드물다. 쌍육雙六 또는 쌍륙雙陸에 놀 희戲를 더한 고급 민속놀이의 이름이었다.

「쌍육희雙六戲」 또는 「쌍륙희雙陸戲」라 했었다.

이 놀이는 두 사람이나 두 편으로 갈려 각 편이 15개의 '말'을 가지고 2개의 '주사위'를 굴려 나오는 사위대로 판 위에서 '말'을 써서 먼저 나는 편이 이기는 놀이이다. 잘 다듬은 말(나무)을 쥐고 논다고 하여 「악삭握槊」이라 쓰기도 했다.

놀이의 형태는 '장기'와 '윷'의 중간적 위치로 설명되는데, 즉 장기의 행마와 같은 작전과 윷사위 같은 요행수가 맞아떨어져야 좋은 내용의 놀이를 할 수 있는 것이다.

「쌍육」이란 놀이는 우리나라에 비교적 오래 전부터 전래

되어 왔으나 그의 기원이나 유래를 정확히 밝히고 있는 것은 아주 드물다. 다만 문헌에 '백제시대'에 있었다고 하며, 중국 한漢 무제武帝 때에 서역西域에서 중국을 거쳐 우리나라에 들어와, 백제를 거쳐 다시 일본으로까지 전해져서 〈스고로꾸〉가 되었다는 설說이 있다.

조선시대에 와서는 여러 「민속화」에 쌍륙을 두는 모습이 등장하고 특히 '매월당 김시습'의 〈쌍륙〉이란 시조로 보아 이 놀이는 민간에 널리 퍼져 있음을 알 수 있다. 중국 송나라 때의 학자 홍준洪遵의 《쌍륙보雙六譜》, 《재물보才物譜》, 《조선왕조실록》, 《조선부朝鮮賦》, 《유한잡록遺閑雜錄》 등에서 이에 대한 기록들이 보이고 있다.

위와 같이 우리나라에 꽤 널리 전하고 있는 민속놀이의 한 종목이었으나 오랜 옛날의 일로써 오늘날에는 실제로 연희하고 있는 사람이 거의 없는 세상이 되고 말았다.

나의 고향집은 '충청남도 공주군 의당면 율정리'인데 이 마을에 비교적 큰 규모의 옛 집이 있었다. 그런데 나의 할아버님과 아버님께서는 공부는 한양에서 해야 한다는 뜻이 깊으셔서 할아버님의 뜻으로, 큰 공부방이 있는 '서울'하고도 '종로', '명륜동', '성균관' 바로 옆에 작지 않은 기와집을 마련하고 계셨다. 그러다보니 나의 고향은 충청도 시골이었는데 자란 곳은 서울하고도 복판이었다.

다음에 보여드리는 〈쌍육희雙六戲〉 그리고 〈쌍육판〉, 〈기산풍속도첩箕山風俗圖帖－쌍륙〉 등은 이 글을 이해하시는데 많은 도움이 되시리라 생각된다.

먼저 글쓴이의 아버님과 어머님께서 1970년대 가을 「서울시 중구 필동」에 살고 계실 때 남기신 사진을 소개한다.

● 아버님 : 沈履錫 (1912년 6월10일~2002년 4월 25일)
● 어머님 : 金善浩 (1909년 7월15일~2006년 4월 10일)

그러면 먼저 「쌍육」과 닮은 놀이가 외국에서 어떠했는지 찾아본다.

오래된 「쌍육」 형태의 놀이가 발견된 것은 「바빌로니아」의 「아브라함 성지」로써 B.C. 3천년 경에 제작된 「놀이판」의 출토이다. 그 이후는 나일강변의 피라미드 고대 그리스 그리고 로

마제국 시대의 여러 유적 및 폼페이 시의 여러 가정의 정원에서 「쌍육판」을 발견하였으나 아직 정확한 '쌍육'의 발견지를 밝힐 수는 없다. 거의 모든 옛 놀이들이 그렇듯이 지금의 인도나 중국 지역이 그 발생지가 아니겠는가라는 일반적인 견해가 있을 뿐이다.

놀이 방법은 우리나라에 있어 전 지역에 따라 다르며 쓰는 말도 일정하지 않다. 쌍륙은 '말판'과 여러 개의 '말' 그리고 두 개의 주사위가 필요하다. 주사위는 투자骰子라고도 하는데 상아 따위의 뼈를 각 변의 길이가 1cm 쯤 되게 육면체로 깎고 6면에는 점으로 1에서 6까지를 새겨서 표시하였다.

다음에서는 쌍륙 두는 가장 기본적인 놀이방법과 규칙 몇 가지를 소개한다.

【 놀이방법 】

'쌍륙'이라는 말의 또 다른 해석은 주사위를 던져 나오는 눈이 <6·6>이 되면 반드시 이긴다 하여 쌍륙雙六(여섯이 둘이라는 뜻)이라 하기도 한다.

먼저 두 사람이 쌍륙판을 가운데 두고 마주 앉아 자기 '말'의 색깔을 정하여 그림과 같이 흑黑·백白의 자기편

과 상대편의 '말'을 엇바꾸어 가며 2개, 5개, 3개, 5개씩
놓아둔다.

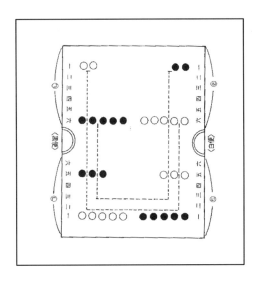

　　다음 차례를 정하기 위하여 각자가 '주사위' 하나씩
만을 던져서 높은 숫자가 나온 사람이 먼저 두면 되는 것
이다. 그런 다음 본격적으로 놀이를 시작함에 있어 죽통
竹筒을 사용하기도 하는데, 이것에 주사위를 넣고 흔들어
굴려 두 주사위의 사위대로 말을 써 나간다. 이때 안 밭
에 말 1개만 세워나가지 말고 말을 2개 이상 겹쳐 세워

나가면 유리하다. (단, 한 판에 5개까지만 세울 수 있다)
이렇게 하여 상대의 방에 있는 자기편 말을 자신의 방에
모이도록 하면 된다.

그림에 보이듯이 검은말은 ㉣ → ㉢ → ㉠ → ㉡ 방
향으로 움직여 ㉡자리에 모이게 되고 흰말은 ㉡ → ㉠
→ ㉢ → ㉣ 방향으로 움직여 ㉣자리에 모이게 하는데,
다 모이면 그때부터 사위대로 말을 판 밖으로 내 보낸다.
이렇게 하여 어느 편이든지 자기 방의 말이 모두 나갔고
상대의 말은 아직 몇 동 남았을 때 한판의 승부가 난다.

쌍륙 두는 구체적인 방법을 살펴보면 예를 들어 주
사위의 사위가 <6·3>이 나왔으면 반드시 말 하나를 여
섯 밭을 가고 다른 하나는 세 밭을 가거나, 말하나가 여
섯 밭을 간 후 계속해서 세 밭을 갈 수 있으나 두 사위의
합이 아홉 밭이라 해서 임의로 다섯 밭, 네 밭 등으로 쪼
개서 쓸 수는 없다는 것이다.

또한 상대의 말이 하나만 있는 밭은 그 말(바리:혼
자 있는 말)을 잡아내고 들어가며, 잡힌 <바리>는 판 밖
으로 나가야 한다. 한편 상대의 말이 두 동 이상 있는 밭
에는 둘 수 없다.

앞의 경우와 같이 잡혀 나간 말은 반드시 처음부터

다시 들어가야 하는데 이때도 상대방의 말이 둘 이상 있으면 놓을 수 없으므로 기다렸다가 다음 차례에 또 주사위를 던져 빈 밭이나 자기 말 자리에 놓을 수 있을 때까지 기다려야 한다.

그러므로 제거된 말이 쌍륙판에 나올 수 없게 되는 동안에는 전진이 불가능하다. 그때마다 상대방은 몇 번이라도 계속 주사위를 던지므로 유리하게 되는 것이다.

만약 주사위를 던져 같은 숫자를 내었을 때, 즉 <3·3>이 나오면 말 두 개를 한꺼번에 세 밭 앞으로 전진시킬 수 있고 <4·4>면 네 밭 앞으로 전진시킬 수 있다. 그리고 옮겨가는 자리에 상대편 말이 둘 있으면 그것을 한꺼번에 잡을 수도 있다.

한편 북녘의 《조선의 민속놀이》를 보면 말의 수가 하나 더 많은 16개를 가지고 각각 양쪽에서 두며 말을 세우는 방식도 약간 달리하고 있으나 놀이방법은 같다.

쌍륙판은 지금도 '국립민속박물관'에 실물이 전시되어 있으며 일반 골동품 상점에서도 쉽게 쌍륙 말을 찾을 수 있을 정도로 쌍륙은 최근에까지 우리 사회에 전해져 내려오고 있다.

그러나 놀이기구인 판과 말 그리고 주사위 들은 완전하게 남아 있는 반면 그의 놀이방법은 제대로 전하여지지 않고 있다.

　　몇몇 고 문헌에 설명되어 있기는 하나 내용이 불충분하고 책마다 노는 방법도 아주 다양하다. 이는 거의 예부터 전하는 놀이들이 없어져가면서 또한 지방마다 노는 방법도 다양하며 남다른 조사 · 정리가 필요하리라는 생각이다.

우리나라 연鳶

-하늘을 나는 마음의 세계

　다음에 소개하는 「우리나라 연」은 지난 1979년 1월 당시 〈경기도 용인군 기흥면 보라리 107〉에 세워지고 있었던 《한국민속촌》의 청탁을 받아 본인이 작성한 것으로 다행히 현재도 보존하고 있어 다시 꾸며본 것이다.

　부족한 분야, 고쳐야 할 분야도 꽤 되겠지만 「참고자료」로 옮깁니다. 고쳐야 할 곳이 있다면 일러주시고 사랑의 꾸지람이 있길 소망하옵니다.

'연 날리기'의 유래由來와 실제實際

　'연 날리기'는 세계 어느 나라, 어느 민족에 가림이 없이 아주 오랜 옛날부터 폭넓게 즐겨오는 놀이이다. 그러기에 어느 민족이 처음으로 연을 만들어 하늘에 띄우기 시작했는지 그 유래를 밝히기는 어렵고 다만 여러 나라의 옛 풍속에 관한 문헌을 미루어보아 이미 고대사회의 제천의식祭天儀式에 부수되었던 여러 놀이 가운데 연날리기도 있지 않았을까 짐작하는 견해가 있다.

연에 대해 설명되고 있는 옛 기록 전설을 통하여 여러 나라의 연날리기에 대해서 살펴보기로 한다.

먼저 중국의 경우 한韓나라의 한신韓信이 진희陳豨를 정벌할 때 적정敵情을 엿보는데 연을 사용했다고 한다. 또 초楚나라의 항우項羽와 싸울 때도 한신은 소가죽으로 만든 큰 연에 바구니를 매달고 그 안에 피리 잘 부는 군사를 태워 이것을 초군楚軍의 머리위에 띄워 구슬픈 망향곡을 부르게 하니 피리소리에 마음이 산란해진 초나라 군사들은 싸울 의지를 잃고 흩어져 버리고 말았다 한다.

송宋나라 사람 고승高承이 펴낸 사물기원事物紀原에서 보면 한신이란 사람이 종이연으로 미앙궁未央宮의 멀고 가까움을 측정하였다고 하며, 또 소량蕭梁 시대의 후경侯景에는 양梁나라의 대성臺城이란 곳을 공격할 때 성 밖과의 교통이 끊어지자 양간洋侃이란 사람이 아들에게 종이연으로 성 밖과 연락을 취하게 하여 원군援軍을 불러들였다 한다.

순추록詢芻錄에는 오대五代 시절에 한나라의 이업李鄴이 종이연에 대나무로 만든 피리를 매달아 바람이 피리구멍을 통과하면서 아름다운 소리를 내게 하였음으로 이를 풍쟁연風箏鳶이라 불렀다고 적혀있다.

한비자韓非子에는 묵자墨子가 나무연을 만들었다고 하며, 홍서鴻書에서는 공수반公輸般이 나무연을 만들어 송나라 성을 엿보았다는 얘기가 있다.

당唐나라 때 안록산安祿山은 구중궁궐 성안의 양귀비楊貴妃에 보내는 사랑의 편지를 연에 매달아 띄웠는가 하면 그 당시 이석李石이 펴낸 속박물지續博物誌에서는 당나라 시대에 와서 연날리기가 더욱 성행한 것으로 되어있다.

한편 그리스에서는 기원전 5세기경에 플라톤의 친구 알타스가 연을 만들었다고 한다.

일본에서도 전쟁 중에 연을 이용하였고 집을 지을 때 벽돌 등을 연에 매달아 쉽게 올렸다는 속설俗說이 전한다. 왜명초倭名抄라는 책에서 보면 종이연을 「지노치紙老鴟」라 적고 있고 천정天正, 강호江戸 시대에는 지방별로 지연회紙鳶會와 궤합전凧合戰이 많았었다고 한다.

태국의 풍속지를 보면 성안의 군사를 몰아낼 때, 무거운 동물상의 연을 만들어 띄워 성 안의 군사로 하여금 놀라게 하여 사기를 꺾은 뒤 성을 함락시켰다는 얘기가 전한다.

이상의 자료로 미루어 볼 때, 동서양을 막론하고 아주 옛날부터 연날리기는 성행된 것 같으나 어느 한 나라에서 비롯되어

다른 나라로 전파되었는지 아니면 각 나라에서 제각기 시작되었는지 그 발생이나 전파경위에 대해서는 알 길이 없다.

　우리나라의 연날리기 역시 기록記錄시대 이전에 비롯된 것으로 추측이 되지만 확증을 잡을 수는 없고 몇몇 기록을 통하여 살펴보면 그 연원을 삼국시대 이전으로 추정해 볼 수 있겠다.

　「삼국사기」에 다음과 같은 구절이 있다.

　선덕왕16년(647)은 왕이 돌아간 해로 진덕왕 즉위 원년元年이다. 이때에 대신 가운데 비담毗曇이란 자와 염종廉宗이란 자는 여왕으로서는 나라를 다스릴 수 없다고 해서 군사를 일으켜 왕을 폐하려 하므로 서로 대립하게 되었다. 왕의 군사는 월성月城에 주둔했고 비담의 반란군은 명활성明活城을 근거로 서로 10여 일 동안이나 싸웠으나 승부가 나지 않았다. 그러던 어느날 밤 삼경三更에 큰 별 하나가 월성에 떨어지는 것이 아닌가 이것을 본 비담과 염종은 "…내 듣건데 별이 떨어지는 곳에는 반드시 유혈이 있다고 하니 이는 틀림없이 여왕이 패망할 징조라" 하자 반란군들은 환성을 올리게 되었다. 이때 진덕여왕을 지키던 김유신 장군은 "조금도 두려워 마옵소서" 하고는 한 꾀를 내어 곧 허수아비(偶人)를 만들어 큰 연에 달아 불을 붙여 띄우니 불덩이가 하늘로 올라가는 것과 같았다. 이로하여 반란군은 다시 기가 죽게 되고 결국 김유신 장군의 소탕전에 패망하고 말았다는 얘기이다.

　이밖에 연에 관한 전설로는 고려말엽 최영 장군의 일화가 전하고 있다.

최영이 탐라국耽羅國(지금의 제주도)의 목호牧胡(목축하는 몽고인)의 난리를 평정할 때 군사를 연에 매달아 병선兵船에서 띄워 절벽위에 상륙시켰다고 하며, 또 불덩이를 매단 연을 적의 성 안으로 날려 보내 불타게 하고 공략했다고 한다.

이와 같이 연과 전쟁이 관련되는 얘기는 조선왕조시대에도 있다. 임진왜란 때 충무공 이순신 장군은 섬과 육지를 연락하는 통신수단으로 또는 작전지시의 방편으로 연을 이용했다고 한다.

우리나라에서 연날리기가 널리 민중에 보급되어 일반화된 때는 조선왕조 영조英祖무렵으로 보는 의견이 있다. 영조는 무척 연날리기를 즐겨 장려하고 나섰기 때문이다.

그 당시 정월 보름날이 되면 서울 광교廣橋와 수표교水標橋 일대에서 벌어진 연날리기 잔치에는 서울을 비롯한 각 지방의 선비들이 모여들어 각기의 기량을 겨루었다고 하며, 서울뿐만 아니라 지방의 마을 곳곳에서도 어린이 어른 할 것 없이 연날리기에 열중했다고 한다.

「동국세시기」에 보면 다음과 같은 아주 소상하고 재미있는 기록이 전한다.

'…아이들이 집안 식구 아무개 무슨 생生, 몸의 액厄을 없애버린다(家口某生厄消滅)라는 글자를 연 뒤에 써서 그 연을 띄우다가 해가 질 무렵에 연줄을 끊어 날려 보낸다. 연을 만드는 방법은 대를 뼈로 하고 종이를 풀칠한 것이 마치 키의 모양과 같다. 그리고 오색으로 칠을 한다. 그 명칭을 보면 기반基班, 묵액墨額, 쟁반錚盤, 방혁方革, 묘안猫眼, 작령鵲翎, 어린漁鱗, 용미龍尾 등의 여러 종류가 번거롭다. 또 사거絲車(얼레)를 만들고 그 연의 줄을 붙들어 매어 공중에 띄워 바람의 흐름대로 날린다. 이것을 풍쟁風錚연이라한다…'

조선왕조 정조正祖때의 실학자 유득공柳得恭이 지은 경도잡지京都雜誌란 책에서도 이와 비슷한 기록을 남기고 있다.

이러한 기록들로 미루어 보아 조선왕조 후기에 있어 연날리기는 위로는 왕에서부터 아래로는 어린 아이들에 이르기까지 신분이나 연령에 구애됨 없이 보편적으로 즐겼음을 알 수가 있다. 그러나 이처럼 성행되었던 연날리기는 지방에 따라 그 시기는 조금씩 다르다. 남부지방은 주로 정월 초하루부터 대보름까지가 한창이었고 북쪽지방에서는 대개 가을 추수가 끝난 후로부터 시작되었다.

뭐니뭐니 해도 연날리기의 절정은 정월 대보름날이다.

이날은 이른바 〈액막이(送厄) 연날〉이라 해서 전국 곳곳에서 수많은 연들이 하늘 높이 띄워졌다.

연 바탕에는 송액영복送厄迎福 등의 축원문을 쓰고 연 날리는 사람의 생년월일과 이름을 써서 날려 보내면 지난해에 묻혀온 모든 액과 앞으로 일 년 동안 있을 나쁜 운수가 말끔히 가져진다고 믿는 풍속이 있었는데 이를 송연送鳶이라 일컫는다.

연의 형태는 나라와 지방에 따라 각기의 특징이 있어 자뭇 다양하다. 예를 들면 중국의 용龍연은 대형으로 빨래줄 같은 굵은 노끈으로 띄우는데 4, 5명이 함께 조종을 해야한다.

몽고연은 우리나라의 어린이들이 주로 날리는 연과 같이 사각지四角紙에 십자죽十字竹으로 된 대형으로 연 밑에 10미터 가량의 긴 고리를 붙이고 노끈으로 띄우는 것이다.

러시아의 연은 대문짝만한 크기의 직사각형으로 역시 노끈으로 날린다.

일본의 종이연의 종류는 그 모양에 따라 소궤蛸凧, 오적궤烏賊凧, 선궤扇凧 등 다양하다.

그밖에 말레이시아, 태국 등의 연의 형태는 사람, 새, 물고기, 글자 모양이 대부분이다.

이들 여러 나라의 연의 특징을 살펴보면 중국, 일본 등의 연은 모양위주로 그냥 공중에 떠 있을 뿐 우리나라의 연처럼 자유자재한 공중곡예는 없다.

우리나라의 연

우리나라의 연의 생김새는 대체로 직사각형의 단순한 형태이나 연의 구조적 짜임새는 다른 나라의 연보다 월등히 앞서고 있다. 연의 크기 및 형태는 일정하게 정해진 규격이 없고 각 지방의 전통과 풍세風勢에 따라 조금씩 다른 점이 있으나 대체로 비슷한 편이다. 또한 연 날리는 사람의 취향에 따라 여러 가지 재미있는 연을 만들어 띄우기도 한다.

연의 종류를 보면 직사각형 모양의 「방패연」을 대종大宗으로하고 그 밖에 주로 어린이들이 많이 날리는 「가오리연」과 사람 동물 등 여러 가지 형태의 「창작연」을 들 수가 있다. 연의 종류 역시 어떤 규제가 있을 수 없기 때문에 시대의 변천과 연 만드는 사람의 창의성에 따라 얼마든지 다양하게 전개될 수 있는 것이다.

방패연 : 방패연이라 함은 그 생긴 모양이 방패와 비슷하다는 데서 붙여진 이름이다. 같은 방패연도 그 방패에 그려진 무늬(원, 반원, 사각형, 삼각형 또는 이것들의 변형)와 바탕 및 무늬의 빛깔(검정, 파랑, 빨강, 노랑, 녹색, 금색 이것들의 중간색)에 따라 다시 이름이 붙여진다. 〈꼭지연〉, 〈반달연〉, 〈치마연〉, 〈동이연〉, 〈초연〉, 〈박이연〉, 〈발연〉, 〈나비연〉 등 모양의 쓰임새에 따라 그 종류는 헤아릴 수 없을 만큼 많다.

이밖에 특이한 것만 들어도 〈바둑판연〉, 〈상주연〉, 〈문자연〉, 〈관연〉, 〈띠연〉, 〈방상씨연〉을 꼽을 수 있다.

가오리연 : 물고기 가오리 모양(마름모꼴)의 연을 가오리연이라 하는데 주로 어린이들이 많이 날리며 그 구조나 조종법이 단순하다. 가오리연의 특징은 꼬리를 길게 붙여 바람이 꼬리를 타고 흐르게 하여 연을 쉽게 띄울 수 있다는데 있다. 주로 어린이들이 많이 날린다.

창작연 : 방패연이나 가오리연의 형태에서 벗어나 재미있는 독창적인 여러 가지 모양으로 만든 연을 말한다. 창작연이란 어떤 면에서 그 기능보다 모양위주로 만들어지는 것이기 때문에 방패연처럼 공중 묘기를 부리기는 어렵고 공중에 띄워놓고 그 모양을 보는 것이 보통이다.

창작연은 만드는 사람의 창의성에 따라 얼마든지 재미있게 만들 수 있다. 일반에게 널리 알려진 창작연으로는 인물연人物鳶에 〈이도령연〉, 〈춘향이연〉, 〈수염할아버지연〉 등과 동물연으로 〈호랑이연〉, 〈까치날개연〉, 〈지네연〉 등 역시 다양하다.

연실 : 연을 높이 띄울 때나 연싸움을 할 때 연실이 약하면 제대로 조종할 수가 없다. 연실은 주로 상백사常白絲(우리나라의 명주실) 당백사唐百絲(중국의 명주실) 또는 무명실을 사용했는데 근년에는 나이론실을 많이 쓰고 있다.

연실을 보다 질기게 하기 위하여 실에다 가미(개미 또는 깸

치라고도 함)를 먹인다. 풀이나 부레를 연실에 먹이고 그 위에유리가미(가루) 또는 사기가미를 입힌다. 가미를 먹인 실은 서슬이 생겨서 연싸움을 할 때 상대방의 연실을 끊어 먹기가 쉽다.

얼레 : 연실을 감았다 풀었다 하면서 연을 조종하는 얼레(자새, 감개, 연실꾸리라고도 함)는 지방에 따라 그 모양이 조금씩 다르나 기본구조는 같다. 얼레는 연이 받는 풍압에 견딜 수 있도록 튼튼하게 만들어야 하기 때문에 잣나무 등을 많이 썼다. 얼레의 종류는 모(角)에 따라 그 이름이 붙여지는데 주로 어린이들은 두모얼레(납짝얼레)를 그리고 어른들은 네모얼레를 많이 쓴다. 고급스러운 것으로는 육모얼레, 팔모얼레도 있다. 연실을 빨리 감고 풀어 내리는 데는 네모얼레 보다 육모나 팔모가 원형에 가까워 편리하다는 것이다.

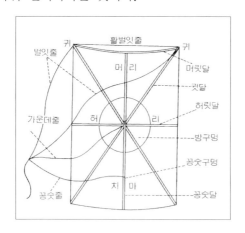

「연날리기」의 종류

높이 띄우기 : 연을 얼마만큼 멀리 높이 띄울 수 있는가를 겨루는 놀이로 연을 1Km가량 높이 띄우면 눈에 보일락 말락 하고 그 이상이 넘으면 보이지를 않는다. 연은 높이 올라갈수록 바람을 세차게 받기 때문에 연이 파손되거나 연실이 끊어질 염려가 있다.

재주부리기 : 글자 그대로 연의 재주를 보이는 놀이이다. 날리는 사람의 손놀림에 따라서 연은 왼쪽, 오른쪽으로 또는 급전急轉, 급강하急降下, 급상승急上昇 등의 공중곡예를 부린다.

이는 연 날리는 사람의 솜씨에도 달렸지만 그보다도 우리나라 연만이 지니고 있는 구조적 특징이 이처럼 다양한 기동성을 가능케 하는 것이다.

끊어먹기 : 두 개 또는 그 이상의 연실이 서로 교차하여 비벼서 끊어먹기를 겨루는 놀이이다. 끊어먹기의 승부는 연실의 질기고 약한 것이 크게 작용하지만 그보다도 연의 조종기술에 크게 좌우된다.

이 끊어먹기 놀이에서 우리 민족이 지니고 있는 아름다운 겨룸의 세계를 찾아볼 수 있다. 보통 내기에서는 진편이 이긴 편에게 한 턱을 내게 마련이지만 우리 조상들의 생각은 이와는 달랐다. 진편(실이 끊겨져 연이 날아간 편)은 이긴편(끊은 편)의 행운을 위하여 연이 멀고 먼 하늘나라로 길보吉報를 전하기 위해서 날아간 것이기에 이긴 편이 진편에게 감사를 드리게 된다.

차원 높은 이러한 승부관은 놀이와 싸움을 명확히 분간할 줄 알았던 우리 민족의 자랑스런 슬기라 하겠다.

이상의 「높이 띄우기」, 「재주부리기」, 「끊어먹기」 외에도 얼레 하나에 얼마나 많은 연을 매달아 띄울 수 있는가를 겨루는 놀이도 있다.

- 한국의 연 -

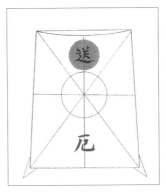

액 연 (厄鳶)

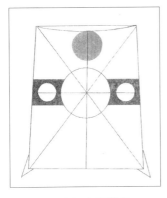

눈깔허리동이연(腰帶鳶)

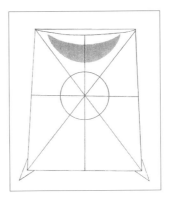

반달연 (半月鳶)

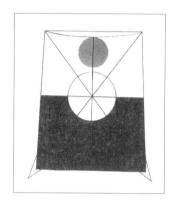

먹치마연 (黑袴鳶)

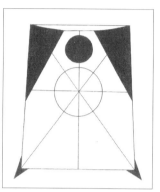

귀머리장군연 (將軍鳶)

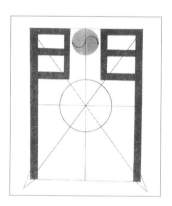

문 연 (門鳶)

온까치연 (鵲鳶)

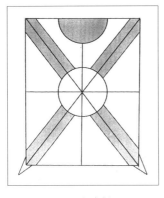

물래연(糸車鳶)

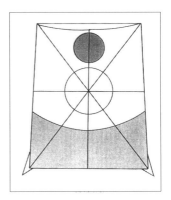

청 치마연(袴鳶靑)

치마머리연(黑頭袴鳶)

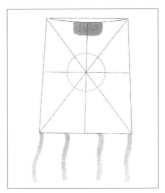

사족발연(四足鳶)

국수발연 (簾鳶)

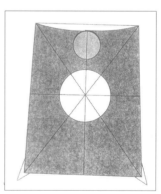

고기비눌연 (鱗鳶)

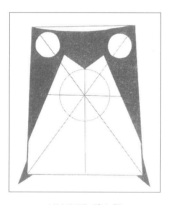

삼봉산연 (三峰山鳶)

보라초연 (紫草鳶)

「조선종이」, 「한지韓紙」의 유래

　우리나라에서는 옛부터 만들어 온 종이를 「조선朝鮮종이」 또는 「한지韓紙」라 한다.

　한지韓紙라는 말은 근세에 붙여진 이름임은 물론이다. 20세기 전에는 대체로 「조선종이」라 했다. 그런데 그 후 외래지인 「펄프」란 기계지가 수입되면서 한지韓紙로 바뀌었다. 조선시대에는 국내에서 생산하는 종이를 굳이 그렇게 부를 이유가 없었고 외국에서 들어오는 종이에 한하여 당지唐紙, 화지華紙. 왜지倭紙니 하며 다른 나라의 종이임을 밝혔다. 옛 기록에 중국에서는 우리나라의 종이를 일컬어 고려지高麗紙라 했었다.

　또 중요한 것은 조선종이를 「닥종이(楮紙)」라고도 했다. 닥나무 껍질(楮皮)을 원료로 하여 만든 종이라는 뜻인데 그냥 '지紙'라 해도 그것이 조선의 재래종이를 가리키는 것이면 으레

'닥종이'로도 통한다.

민간에서 지금도 '닥종이'를 통틀러 '창호지窓戶紙'라 부르는 것은 그 대부분을 문종이로 쓰는데 따른 속칭일 따름이다. 오늘날 아무리 좋다는 외래지나 기계지가 있다 하더라도 우리나라에서의 '창호'에는 반드시 재래의 '닥종이'를 발라야하는 것으로 습관화 되어있어 그런 명칭이 일반화 된 셈이다.

우리나라의 종이

우리나라에서 제지가 어느 때부터 시작되었는지는 분명치 않다. 더구나 자연발생이었는지 혹은 외래로부터 도입된 기술인지 분별할 수가 없는데, 대체로 고대 중국에서 도입되지 않았겠느냐는 데 의견을 모으고 있었다. 물론 언제 어떤 경로로 전해졌는지에 대하여는 아직 정설을 가릴 수는 없다. 막연하나마 4~7세기쯤 되지 않겠느냐는 것이 과학기술사 분야에서의 전상운全相運 등의 견해이다. 그것은 삼국시대에 있어서 한韓, 당唐과의 빈번한 교류와 더불어 이 무렵 삼국시대 문화의 융성에 상응되어 급격하게 일어난 것이라는 점에 근거를 두고 있다.

백제는 4세기 후반에 《사학史學》을 편찬했는데 이는 문자와 더불어 제지 기술의 도입이 이미 이루어져 있음을 의미하는 것으로 풀이된다. 《일본서기日本書紀》에 의하면 610년 일본의 청원으로 파견된 고구려 승려 담징曇徵은 채색 및 지묵紙墨을 잘 만들었다고 하였다.

담징은 화사畵師일 뿐더러 채색을 만들고 종이와 먹도 만들어 쓸 줄 아는 당대 고도의 기술자였음을 설명해 주었었다. 담징에 관한 기록은 고구려 사회에 있어서의 제지 기술의 일반화와 승사僧寺에서의 제지를 어렴풋이 짐작케 하며 나아가 새로운 제지법을 일본에 전하여 주었음도 아울러 시사하고 있다.

현존하는 한지의 가장 오래된 유품은 근년에 북한의 고구려 유적에서 발견된 종이로 알려져 있으나 아직 그 상세한 내용을 접하지 못했다.

남한 지역에서 발견된 것으로는 말할 것도 없이 신라시대의 「무구정광대다라니경無垢淨光大陀羅尼經」 지축紙軸이다. 폭 6.5cm에 길이가 7m나 되는 이 두루마리는 십여 년 전 경주 불국사 석가탑의 사리함 속에서 나온 것으로 세계 인쇄사상 가장 고본古本으로 알려져 있는 종이 유물이다.

석가탑은 신라 경덕왕景德王 10년(751)에 불국사를 창건할 때에 세운 석탑이며, 다라니경은 효소왕孝昭王 원년(692)에 세운 낭산狼山 삼층석탑과 성덕왕聖德王 5년(706)에도 더 봉안했다는 기록이 있는 것을 보면 당시 신라 사회에서는 다라니경을 안치하는 신앙이 유행했던 것 같다.

'석가탑 다라니경'의 두루마리는 거죽부분이 많이 부식되

어 조각으로 나뉘어 그 형태를 구분하기 어려우나 안쪽으로 들어
갈수록 지질紙質이 생생하다.

원래 종이의 폭은 52cm쯤 되어 보이며 그것을 13~14매
이어서 전권全卷을 이룬 것 같다. 그 종이는 지질로 보아 한국에
서 만든 닥종이로 보고 있는데 경종景宗에서 성종成宗에 이르는
시기에 이미 신분층으로서의 성장이 두드러지며 문종 때에는 품
관직品官職으로 입신하는 예조차 나타났다. 물론 지장紙匠으로서
그 같은 진출이 있었다는 예는 없지만 공장 전반에 대한 현실적
인 상승은 지장의 경우에도 크게 벗어나지 않았으리라 생각되는
것이다. 그러다가 고려말기에 가까워지면서 공장의 지위는 후퇴
하고 말았다.

이러한 제지업의 퇴화 추세는 저전楮田의 실태에 바로 반영
되어 있다할 것이다. 조선초 태종太宗 10년의 한 상소에 "대소
민가의 저전을 가진 이가 불과 백에 한둘도 안 된다"는 보고가
그것이다.

한국의 제지기술은 고려시대에 일단 완성의 단계에 이르렀
다고 한다면 조선시대에 들어서면서 15세기에 활판活版 인쇄술의
재발명·저화楮貨 그리고 중국에 대한 조공품 등으로 말미암아
대량생산의 단계로 접어들었다고 할 것이다.

태종 16년(1415) 제지사무기구로서 국영공장인 조지소造紙所
가 설치되었다. 여기서는 제지기술과 합리적인 생산관리에 관한

일을 할뿐더러 지질紙質개량과 생산가를 최소한으로 줄이는 능률적인 작업과정 등 여러모로 노력했다. 도성 안에 설치된 중앙의 조지서造紙署에는 제조提調 2명이 배치되고 사지司紙 1명, 별제別提 4명이 기술관계를 하며 지장紙匠 85명에 잡역부 95명이 배치되어 있었다. 이밖에도 지방에 모두 638명의 지장이 각 도에 소속되어 있었다.

이들 기술자들은 법적 우대와 생활보장의 특권이 부여되어 있었다. 따라서 원료로서의 닥나무를 확보하기 위하여 태종 때 각 도로 하여금 대호大戶에는 이백조·중호中戶 일백조·소호小戶 오십조씩 닥나무를 심도록 하는 한편, 각 지방 관청이 저전을 소유케 하여 나무를 기르도록 《경국대전》에 명시했다.

《세종실록지리지》에 의하면 닥나무가 생산되지 않는 지역은 함경도 밖에 없었으며 종이생산은 전라도를 필두로 하여 경상도·충청도·강원도·경기도·황해도에 미치고 있었다. 그럼에도 닥나무 생산의 절대량이 모자라 저지楮紙를 절약하고 잡초지雜草紙를 사용하도록 강요한 사례가 단종端宗 및 세조의 실록에 엿보인다. 그리고 외국의 우수한 저종楮種과 제지기술의 장점을 도입하는데 힘을 기울였다. 태종 12년(1412)에는 요인遼人의 화지華紙 제조기술을 지장紙匠에게 배우도록 했고 세종 12년(1430)에는 대마도로 직접 사람을 보내어 왜저倭楮를 들여다가 품질개량을 꾀하기도 했다.

또 성종成宗 6년(1475)에는 직장을 중국에 파견하여 생마生麻를 사용해 종이 뜨는 법을 견습케 한 일도 있다. 세조 3년(1459)의 기록에는 종래 써오던 저피 표백제인 목회木灰잿물에 새로 여회藘灰를 장려하는 기사도 보인다.

물론 당시 동양 삼국의 제지기술은 모두 수록법手漉法의 단계였음으로 한국의 재래 방법과 별 차이가 없었을 것이고 다만 원료 이용의 차이였는데, 남의 원료와 기술을 받아들여 기술을 개량하고 생산량의 부족을 보충하려는 노력만은 주목할 만하다 하겠다.

그러나 조선시대 후기에 있어 제지는 국민에게 커다란 부담을 주면서도 한층 퇴락일로를 걸었다. 중앙의 조지서는 16세기말의 임진왜란으로 거의 폐쇄되다시피 하였는데 나라에서 필요로 하는 막대한 분량의 종이를 하삼도下三道(경상·전라·충청)가 마련하도록 정하였다.

이어 18세기 초에는 대동법大同法이 실시됨에 따라 저전이 전답으로 바뀌는 만큼 종이가 한층 귀하게 되었다. 그래서 나라의 지공紙貢은 지방관청의 지장과 농민들에게도 부담되었지만 차츰 사찰에 떠맡기게 되었다. 사찰에 있어서의 제지는 조선 초기까지만 해도 불경 간행을 위해 자급자족하는 데 불과했는데, 후기에는 국가에서 요구하는 분량이 수탈하는 지경에 이르렀기 때문에 사유私有재산을 탕진하게 되고 승려가 사찰에서 도망쳐 공허해지는 지경에 빠졌다.

조선후기에 있어 특히 종이의 수급상 가장 커다란 차질은 청나라에 대한 조공이었다. 이 외교적 예물로써의 방물지方物紙는 연간 이만여 권에 불과하던 것이 병자호란 이후에는 십만 권에 달했고 효종孝宗 1년에는 최고 십일만 오천오백 권까지 보내기도 했다. 전란이 거듭되어 사회가 어수선한 터에 이 엄청난 분량을 걷어들이기 위해 국내 제지 생산자들이 얼마나 핍박을 당했을지 상상이 되고도 남는다.

종이의 제작

'한지'의 제조방법은 기본적으로 중국이나 일본과 비슷했다. 그것은 천 수백 년간 전해 내려오는 전통적 방법이었다고 생각되며 그 주된 원료는 닥나무였다.

북한의 고구려 유적에서 발견된 종이는 마지麻紙로서, 그 섬유가 매우 희고 균일면밀해서 기술이 훌륭했음을 보여준다고 한다. 마麻는 상고시대부터 의복에 사용했으므로 초기 제지에 있어 원료로 이용했을 가능성은 있다. 그러나 석가탑 발견의 다라니경이나 그 밖의 고려시대 종이가 닥종이로 판별되는 것을 보면 역시 한지의 중심 되는 원료는 역사적으로 닥나무였으리라 생각된다.

더구나 조선시대 성종 때, 나라에서 파견된 지장이 북경北京을 오가며 생마生麻 제지법의 견학한 내용을 장황하게 보고한 것을 미루어 보더라도 한국에는 마지법麻紙法의 전통이 전혀 없었음을 암시하는 것으로 해석되는 것이다.

서유구의 《임원십육지》 '이운지'에서는 중국의 고금古今 지품紙品을 소개하는 가운데 화남華南의 죽지竹紙, 죽순으로 만드는 주본지奏本紙, 생마와 뽕나무 껍질을 원료로 하는 상용지常用紙 등을 들었다. 그리고 우리나라 종이에 대해서는 으레 닥종이임을 전제하면서 "태지苔紙나 죽청지竹淸紙는 매우 희귀한 것이며 따로 귀리짚을 이용한 북지北紙가 있다"고 소개했다. 이규경의 《오주연문장전산고》에서는 북지의 연유에 대하여 좀더 구체적으로 해설, "함경도 특유의 황지黃紙 혹은 고정지藁精紙라 일컬으며 부령富寧에서 나는 게 가장 유명한데, 이는 귀리(耳麥)의 줄기에다 약간의 저피楮皮를 넣어 만들되 귀리짚 만으로는 터럭이 일지 않아 좋지만 아주 위약하다"고 하였다. 때로는 작맥雀麥을 이용했다는 기록도 보이는데 이는 들에 야생하는 들귀리이다.

태지苔紙는 냉천冷泉의 물이끼를 풀어 넣어 백지에다 일종의 시문을 한 종이로 이는 중종中宗 13년 즉 16세기 이후의 것이다.

성현成俔의 《용재총화慵齋叢話》에는 조선 초기의 조지서에서 고정지·유엽지柳葉紙·유목지柳木紙·의이지薏苡紙·마골지麻骨紙·순왜지純倭紙 등과 같은 종이를 생산했다고 하였다. 그 중 의이는 율무이다. 이들 특별한 원료의 종이는 전문적인 생산품이었다고 생각되지 않으며 오히려 실험적인 종이라서 일반종이 이상으로 특기해 놓은 것이 아닐까.

「세종실록」 '지리지'에 기재된 각 도별 궐공지품厥貢紙品은 다음 표에서 보는 바와 같이 대체로 저피의 종이로 풀이된다.

전라도 : 표전지表箋紙 · 자문지咨文紙 · 부본단자지副本單子紙 ·
  주본지奏本紙 · 피봉지皮封紙 · 서계지書契紙 · 축문지祝
  文紙 · 표지表紙 · 도련지搗練紙 · 중폭지中幅紙 · 상주
  지常奏紙 · 갑의지甲衣紙 · 안지眼紙 · 세화지歲畫紙 ·
  백주지白奏紙 · 화약지火藥紙 · 장지狀紙 · 유둔지油屯紙

경상도 : 진헌표지進獻表紙 · 국용표지國用表紙 · 도련지搗練紙 ·
  안지眼紙 · 백주지白奏紙 · 상주지常奏紙 · 장지狀紙

충청도 : 각색지各色紙

강원도 : 지紙 · 휴지休紙

경기도 : 지紙

황해도 : 지紙

《대전회통》 공전조工典條에는 나라에서 쓰는 중요한 종이를 대별하여 대호지大好紙 · 소호지小好紙 · 도련저주지搗練楮注紙 · 관교지官敎紙 · 공사지公事紙 · 초주지草注紙 · 계목지啓目紙 등을 열거했다.

이에 비하여 1932년 중앙시험소가 전국13개 도에서 조사한 제지의 표본에 의하면 함경북도를 제외한 전역에서 98종의 종이를 채집했다. 그 중 종래 보이지 않던 종이 이름을 몇몇 예시하면 속지束紙 · 월명지月明紙 · 피지皮紙 · 소지燒紙 · 분백지粉白紙 · 진지塵紙 · 사고지四庫紙 · 초지草紙 · 백로지白鷺池 · 갑면지甲綿紙 · 접선지摺扇紙 등이다.

한지의 명산지는 고래로 호남이 꼽히었던 것 같다.

정다산의 《목민심서》에서는 전남 순창淳昌을 지목했다. 이곳은 최근세까지 오색지五色紙와 분백지로 이름난 지방이다. 《오주연문장전산고》는 우리나라 물산의 유명한 것만 열거하는 가운데 전북 남원과 강원도 평강平康의 설화지雪花紙를 들었다.

그러나 '이운지'에서는 과거에 도성 내의 조지서 자문지咨文紙를 비롯해 평강의 설화지와 남원의 선자지扇子紙 · 간장지簡狀紙 · 주유지注油紙가 유명했지만 조선왕조 최말기 당시에는 호남의 전주와 남원 및 남평南平(나무) 종이만이 가장 나은 편인데 역시 품질이 조악해졌다고 덧붙였다.

오늘날에 있어 재래 한지는 산간 지역에서 가내 수공업으로 겨우 명맥만을 전승해 오는 형편이다. 개개로 보면 아주 소규모의 영세 공장이거나 혹은 농가의 겨울철 부업 정도에 지나지 않는다. 그런 나름으로 활발하다고 할 만한 지역은 전주 · 의령 · 월성 · 제천 등지이며 그 밖에 남원 · 순창 · 산청 · 단양 · 울진 · 삼척·명주 등지의 산간 마을이 예스러운 생산 방식을 조금도 벗어나지 못한 채 지속하고 있음을 볼 수 있다.

그러나 재래 수법에 의한 인쇄가 단절된 현재에 있어서는 그것이 현대적 기계 설비에 의한 다량 소비의 인쇄에 적용하지 못하는 한 현재의 막다른 사양화에서 소생할 가망은 거의 없다.

동학東學과 갑오농민전쟁甲午農民戰爭

아호!

오늘의 젊은이들은 「동학」이 무엇인가? 그의 내용을 살피는데 관심이 거의 없다. 스승님 선배님들께서 알려주신 「깨우침」과 다양한 문헌자료文獻資料 등을 알리기 위하여 이 글을 쓴다.

「동학혁명」의 불길

1894년 2월 15일 전라도 고부군민들은 군수 조병갑趙秉甲의 탐학에 항거, 동학접주 전봉준全琫準(1854~1895)의 영도 하에 항쟁이 시작되었다.

원인으로서는 19세기 중엽부터의 삼정三政의 문란과 흉년으로 불길은 만석보萬石洑를 파괴하고 관아를 습격 점령하자 점차 농민전쟁의 성격을 띠게 되어 4월 26일 백산白山에 집결하여,

① 사람을 죽이지 말고 재물을 손상 시키지 말 것

② 충효를 다해 제세 안민할 것

③ 왜이倭夷를 축멸하여 성도聖道를 밝힐 것.

④ 병兵을 몰아 서울로 들어가 권귀權貴를 진멸할 것

등의 4대강령을 선포했다.

6월 1일에는 전주성全州成을 점령했으나 6월 5일 조정이 요청한 청국군 1,500여 명이 인천에 도착하자 6월 12일 관군과의 협상으로 자진 해산했다. 이 동학혁명은 '청일전쟁' 의 직접적 원인이 됐다.

『동학의 노래』

새야 새야 파랑새야

녹두밭에 앉지 마라

녹두꽃이 떨어지면

청포장수 울고 간다

새야 새야 파랑새야

녹두밭에 앉은 새야

녹두 잎이 까닥하면

너 죽을 줄 왜 모르니

가보세 가보세

을미년 을미적

병신되면 못 가보리

　　　　　－동귀일체 p.163 《새야 새야 파랑새야》

전봉준全琫準 **1854(철종5) ~ 1895(고종 32)**

동학혁명東學革命의 지도자, 초명 명숙明淑, 별명 녹두장군綠豆將軍 창혁彰赫의 아드님.

　전라북도 태인泰仁출신 아버지가 민란의 주모자로 처형된
후부터 사회개혁에 대한 뜻을 품게 됐다. 30세경 동학에 입문하
여 고부접주古阜接主가 되고 각지를 다니며 동지를 규합한다. 한

편 은거중인 대원군大院君과 접촉해 국정개혁에 대한 의견을 교환했다.

1892년 조병갑趙秉甲이 고부군수古阜郡守로 부임, 과분한 세금을 징수하고 근거없는 죄명을 씌워 양민의 재산을 갈취하는 등 못된 짓을 자행하던 중, 수세水稅를 많이 거두어들이기 위하여 만석보萬石洑 밑에 다시 보洑를 축소, 불법으로 수세水洗를 징수하자 농민대표와 함께 그의 시정을 진정했으나 거부당했다. 이에 힘에 의한 응징을 결심, 이듬해 1월 농민과 도학교도를 이끌고 궐기, 관아를 습격하여 강탈되었던 세곡을 농민에게 반환하고 부패한 이속吏屬들을 감금했다.

이 보고를 받은 정부에서 「조병갑」 등 부패한 관리를 처벌하고 「이용태」를 안학사로 보내어 선처를 확약하자 일반 농민군을 해산, 사태를 관망하기로 했으나 「이용태」 역시 탐욕이 심한 위에 농민군에 대한 무자비한 탄압, 처벌을 강행했다.

이에 재봉기를 결의, 이 기회에 국가정치와 사회제도의 전면 개혁을 단행하고 보국안민의 동학사상을 펼 뜻을 굳혔다.

이 해 3월 동지 정익서鄭益瑞, 김도삼金道三 등과 합의하여 동학의 조직을 이용, 동학교도를 주도세력으로 하고 농민대중의 호응을 얻어 진용을 정비한 후 고부의 백산白山을 근거로 8천여의 병력으로 대오隊伍를 편성, 동도대장東徒大將이 되어 척왜斥倭 · 척양斥洋, 부패한 지배계급의 타파 등 사대강령四大綱領을 내세우고 부근의 군읍郡邑으로 진격, 관군官軍을 무찔렀다.

중앙에서 관군을 이끌고 온 양호兩湖 초토사招討使 홍계훈洪
啓薰을 황토현黃土峴에서 대파하고 이어 부안扶安·정읍井邑·고창
高敞·무장茂長 등을 장악, 4월 28일에는 전주全州를 점령했다.
그러나 정부의 요청으로 청군淸軍이 오고 동시에 천진조약天津條約
을 빙자해 일본군도 입국해 국가의 운명이 위태롭게 되자 탐관의
응징, 시정施政의 개혁, 노비의 해방 등 12개 종목의 실현을 확
약 받고 일단 선유宣諭에 응하기로 결정해 휴전을 성립시켰다.

그 후 20여명의 간부를 인솔, 각지로 다니며 교도를 격려하
고 집강소執綱所를 전국에 설치하는 등 조직 강화에 힘쓰는 한편,
정부의 관헌들과 대등한 처지에서 시정을 감시하고 신임 관찰사
김학진金鶴鎭과 도정道政을 상의하는 등 강력한 권한을 차지했다.

그러나 부패한 지배계급의 근절과 본격적인 시정개혁이 실
현되지 않아 재궐기를 계획하던 중 청일전쟁淸日戰爭이 자기들에
게 유리하게 진전됨에 따라 조선에서의 침략행위를 더해 가는 일
본의 흉계에 격분 다시 봉기했다.

9월 삼례參禮에서 남도접주南道接主로 12만의 병력을 지휘,
북도 접주 손병희孫秉熙의 10만과 연합해 교주敎主 최시형崔時亨의
총 지휘 하에 항일구국抗日救國의 기치를 들고 대일전對日戰을 시
작했다.

한 때, 중부·남부의 전역과 함남·평남까지 항쟁의 규모

가 확대됐고, 특히 이천利川·목천木川·공주公州 등지에서 혈전血 戰을 벌였으나 우수한 무기와 조직적인 훈련을 받은 일본군의 대 대적인 반격으로 패배, 11월 '금구金溝 전투'를 최후로 분쇄되고 말았다.

　이에 수명의 동지들과 순창淳昌에 피신, 재기를 도모 하다가 현상금을 탐낸 한신현韓信賢 등 지방민의 급습으로 피로리避老里에 서 잡혀 서울로 압승(전봉준)되고 이듬 해 3월 사형되고 말았다.

동학교주 최제우 (崔濟愚 1824~1864). 사도난정(邪道亂政)의 죄로 대구에서 처형되고 1907년 신원(伸寃) 되었다

동학 2대교주 최시형 崔時亨(1827~1898). 동학혁명 후기 북접 (北接) 10만 병력을 이끌고 공주(公州)에서 싸웠으나 참패, 피신했다가 1898년 원주(原州)에서 피체 처형 되었다

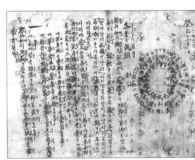

전봉준이 각 마을 동학집강소에 돌려 궐기를 촉구한 사발통문. 주모자를 가려내지 못하도록 원둘레에 각각 서명하는 것이 사발통문

전봉준(全捧準 1854~1895)은 전라도 순창에서 피체, 서울로 압송돼 다음해 4월 23일 처형, 효수 되었다

라운규羅雲奎 아리랑

　　일제日帝가 이 땅을 강점하기 시작하는 1920년대 〈운영전雲英傳〉, 〈심청전沈淸傳〉, 〈흑黑과 백白〉, 〈농중조籠中鳥〉, 〈아리랑〉 등으로 민족의 애환을 울부짖었던 「나운규」는 어언 지금으로부터 80여 년 전 아쉽게도 36세라는 젊은 나이에 저 세상으로 가셨다.

　　춘사春史 라운규羅雲奎의 아드님, 나봉한은 필자와 〈서라벌 예술학교〉 동창이어서 소중한 옛 이야기를 들을 수 있어 이 글을 엮는데 큰 도움이 되었다.

　　그리고 귀하고도 귀한 다음에 소개하는 『라운규羅雲奎의 일생一生』은 〈김원호金源浩 편저 백미사白眉社〉에서 옮긴 것이다.

라운규羅雲奎의 일생

1902년 10월 17일 함북咸北 회령會寧에서 한방의漢方醫, 라형권羅亨權의 아들로 태어남. 맏형 민규泯奎, 둘째형 시규始奎, 여동생 사규四奎, 오규五奎, 화규華奎가 있었음.

1912년 6월 회령보통학교會寧普通學校 졸업.

1916년 조정옥曹貞玉과 결혼. 윤봉춘尹逢春, 김용국金容國, 이범래李範來 등과 연극 《이전반二錢半》 상연(8월), 신흥학교信興學校 (고등과高等科) 이년二年 졸업(8월).

1918년 간도間島 명동중학교明東中學校에 입학(4월)

1919년 3·1운동 회령만세사건에 주동자로 활약함(4월)

1920년 일군日軍 습격으로 명동중학교明東中學校가 소실燒失하여(3월) 연해주로 유랑하게 됨. 연해주에서 백계白系러시아군軍의 고용병이 되었다가 탈출하여 귀향함. 해외탈출을 기도하며 소만蘇滿 국경도시인 훈춘琿春으로 들어감(7월), 북간도 국민회 소속 홍범도洪範圖장군의 독립군에 입단(8월), 회청선會淸線 7호 터널인

무산령茂山嶺터널 폭파의 임무를 받았다가 계획이 취소되어 중단함. 안도현安圖縣 신흥무관학교新興武官學校를 지망하여 독립군 장교가 되려고 북간도로 들어감(11월). 명월청明月淸에서 독립군의 권유로 서울 유학을 결심함(12월).

'라운규'의 출생지 함경북도 '회령'의 옛사진

1921년 뜻 맞는 친구와 상경하여 중동학교中東學校에 들어감. 「남대문 예배당」에서 윤봉춘尹逢春 등과 연극 《고진감래苦盡甘來》 공연함(12월).

1922년 일본 경찰에 검거되어 회령會寧으로 압송됨. 무산령茂山嶺터널 폭파 미수와 독립군 활동 등으로 징역 1년6개월을 언도 받고(2월) 청진형무소와 함흥형무소에서 복역함.

1923년 6월 함흥형무소에서 출옥함. 맏형 민규泯奎의 복역, 부친의 사망, 둘째형 시규始奎의 요절 등으로 잇달아 불행을 당함. 신극단新劇團 「예림회芸林會」가 회령 공연을 오게 되어 이 극단에 입단하게 되고(12월) 이 극단의 배우로 북간도 일대를 순회 공연함. 이 극단에서 안종화安鐘和를 알게 됨.

1924년 「예림회芸林會」가 해산되자 다시 상경하여 공부를 계속함. 안종화의 소개로 부산 「조선키네마주식회사」에 연구생으로 입사함(가을). 윤백남尹白南의 《운영전雲英傳》에 단역으로 처음 영화에 데뷔함. 이어 《신神의 장粧(일명 음광瞺光)》에 출연함.

1925년 「윤백남尹白南 프로덕션」의 《심청전沈靑傳》에 심봉사沈奉使역을 맡아 연기파 배우로 각광을 받게 됨. 김택윤金澤潤 감독의 《흑黑과 백白》에 출연함.

1926년 「조선朝鮮키네마 프로덕션」의 《농중조籠中鳥》에 복혜숙卜惠淑과 함께 출연하여 열연함. 원작·감독·주연으로 《아리랑》을 제작하여 선풍적인 인기를 얻게 됨. 이어 원작·감독·주연으로 《풍운아風雲兒》를 제작.

春史 羅雲奎의 문제작 「아리랑(1926)」의 제작자들. 가운데 모자 쓰고 앉은 이 라운규.

「아리랑」 1926
낫을 휘두르는 나운규

낫을 휘두르는 라운규 「아리랑(1926)」

라운규, 1926년

1927년 《아리랑》, 《풍운아風雲兒》의 필름을 가지고 고향에 감. 이 영화를 보고 윤봉춘尹逢春이 영화계에 데뷔하게 됨.《들쥐》제작. 이 작품에 윤봉춘尹逢春이 데뷔함. 《금붕어》제작. 이 영화가 개봉되던 날 (7월6일)「단성사」에서 한국 최초의 프로로그《서막序幕》실연을 함. 이어 7월8일 경성방송국京城放送局에서 최초의 방송영화극으로 전파를 탐.「라운규羅雲奎 프로덕션」설립(9월). 제1회 작품 《잘 있거라》제작.

라운규 〈들쥐〉 1927년

1928년 제2회 작《옥녀玉女》. 제3회 작《사랑을 찾아서(원명原名은 두만강을 건너서)》. 제4회작《사나이》제작. 《사나이》에 유신방柳新芳 데뷔.「찬영회讚映會」에서 주최한 명화대회에「장한몽편長恨夢篇 촬영일기」를 가지고 모의 촬영을 실연함.

1929년 제5회작《벙어리 삼룡三龍》이 문화영화로 제작됨. 《사랑을 찾아서》등의 필름을 가지고 지방순회공연에 나섬. 「라운규羅雲奎프로덕션」이 회원 간의 불화로 해산됨.

1930년 찬영회讚映會 사건의 주동자로 활약함. 박정현朴晶鉉의 「원방각사圓方角社」에서 《아리랑 후편》 제작. 「미나도좌(港座)」 연극부에서 신극 공연함.

1931년 「원산遠山 프로덕션」에서 《금강한金剛恨》, 《남편男便은 경비대로》에 출연함. 배구자裵龜子 일행 및 「원방각사圓方角社」 동인이 제작한 《십년十年》이란 영화에 관여함. 영화제 시찰차 도일渡日하여 약 1년간 동경東京에 체류함.

1932년 「유신柳新키네마」에서 그의 유일한 역사영화 《개화당開化堂 이문異聞》 제작. 이어 이규환李圭煥 감독의 《임자 없는 나룻배》에 주연으로 출연하여 열연을 보임. 극단 「신무대新舞臺」에서 자작 연쇄극을 제작하여 상연함.

라운규, 1930년

「임자 없는 나룻배」(1932)

《임자 없는 나룻배》, 1932년

1933년 「대구大邱 영화촬영소」에서 《종로鐘路》를 제작함.

1934년 연쇄극 흥행자인 현성완玄聖完 일행과 함께 시골 순회 공연을 가짐. 《칠번통七番通의 소사건小事件》 제작.

1935년 「조선朝鮮키네마사社」에서 《무화과無花果》 제작. 「한양漢陽 영화사」에서 《강 건너 마을》 제작. 「조선朝鮮 키네마사社」에서 《그림자》 제작. 이때부터 라운규羅雲奎의 건강이 점점 악화됨.

라운규, 1935년

1936년 라운규羅雲奎의 최초의 토우키 영화 《아리랑 3편》 제작. 최후의 수작秀作 문예영화 《오몽녀五夢女》 제작. 미발표 시나리오 《황무지荒蕪地》 완성.

1936년 8월 9일 오전1시20분 영면永眠. 8월11일 최초의 영화인장映畫人葬으로 거행, 홍제동에서 화장함.

김원호 · 「라운규 일생」 참으로 고마웠습니다.
사진자료 제공한 라봉한 친구 고마웠소!

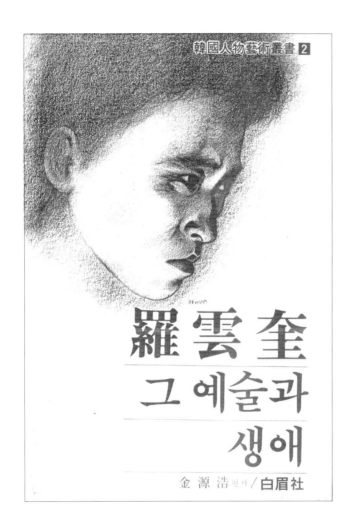

韓國人物藝術叢書 2

羅雲奎
그 예술과
생애

金源浩 편저 / 白眉社

韓國人物藝術叢書 ②

羅雲奎

그 예술과
생애

金源浩 편저

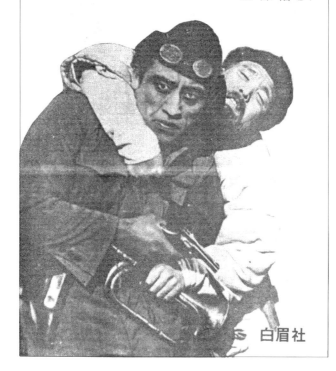

白眉社

조송자趙松子 「줄타령」

- '재담'과 가사

놀이에 앞서 높이 3미터 길이 5,6미터의 녹밧줄(삼꼽질로 꼰 직경 3센티 정도의 동앗줄) 밑에서 「줄고사告祀」를 올린다.

잽이(樂士)로는 꽹과리, 징, 북, 장고, 날나리 등이 동원되며 형편에 따라 주과포酒菓脯를 진설陳設하기도 하나 대개의 경우 술과 북어 몇 마리를 올려놓고 어름산이(줄꾼 조송자趙松子)가 고사를 올린다.

줄 고사告祀**반**

고설 고설 고설 고설

고설 고설 고오설

섬겨 드리는 고사로다

이 고사를 드리는 건

다름이 아니오라

○○(장소) ○○(때)에

줄할머니 줄할아버지께

고사를 드리는데

축원 덕담대로 재수있고

맘먹고 뜻 먹은대로

소원 성취 이루어지고

조씨(趙松子) 귀주가

줄할머니 줄할아버지를 위하여

이 정성을 드리오니

나비몸되고 새몸되어

남의 눈에 꽃과 잎으로 보이고

소원 성취를 발원하오니

여기 오신 여러 손님

이 구경을 보시고 가시더라도

귀설수 실물수 수몰하고

소원 성취 이루어

만사가 대길하게끔

점지하여 주옵소서

「줄고사」가 끝나면 잽이와 매호씨 얼음산이가 배례하고 올렸던 술을 양쪽 줄기둥과 줄에 그리고 줄판의 한복판에 조금씩 붓고 줄의 동편에서 오르기 시작한다.

어름산이 : 매호씨!

매호씨 : 얼씨구!

하면, 잽이들 염불타령을 올린다.

장삼에 고깔을 쓴 어름산이가 올라와 동편 줄기둥을 잡고 서면 「중놀이」가 시작된다.

어름산이(재담) : 강원도 금강산 일만 이천 봉 8만 9 암자 절에서 내려온 중이 하나 있는데 '중타령'을 한 번 하는데, 이리 한 번 하는 거렸다!

중타령

중 하나 내려온다

중이 하나 내려온다

저 중에 거동보소

억단(얽었단) 말도 빈말이오

검단 말도 빈말이오

저 중에 거동 보소

다홍띠 둘러 띠고

백팔 염주 목에 걸고

단주는 팔에 걸고

구절 죽장 손에 짚고

흐늘거리며 내려온다

저 중에 거동 보소

광채는 푹 퍼지고

저 중에 잇속 보소

당사실로 엮은 듯이

저 중에 두 눈은

소상강 물결 같고

저 중에 두 눈썹은

왼 얼굴 뒤덮은 듯

저 중에 양귀는

왼 어깨 축 쳐지고

염불하며 내려온다

저 중에 거동보소

광채는 처절 철

목탁은 또드락 똑딱

바라져서 중상인가

가사 메어 중상인가

고깔을 써서 중산인가

이 중상 거동 보소

염불하며 내려왔네

첨암은 칠벽산

때구르르 궁굴려도

실금도 아니 갈 중

저 중에 행세 보소.

이렇게 「중타령」을 하며 줄 위를 거닐다가 줄 한 가운데 앉으며 (재담)

어름산이 : (이리 한참 염불을 하고 내려오던 중 한 옆에 떡 앉더니) 아 이중의 행세보소, 자기 짚었던 죽장을 반 뚝 꺾어들고 이리보고 저리보고 하더니 불 때는 부지깽이 했으면 적합꾸나(하더니 꺾는 시늉을 하며 아래로 획 던져버린다).

(다음에는 때를 떡 벗어들고) 이것은 뭘 했으면 적합할까 첫아들 낳으면 돌띠감이 적합할세, 돌띠감 사가

시오! (매호씨가 띠 사는 시늉을 하며 받아들고 구경꾼
쪽으로 던진다)

어름산이 : 이 중의 거동보소, 장삼을 홀홀 벗어 이
리띠고 저리띠고 이리보고 저리보고 뭣을 했으면 적합할
까, 갈기갈기 주름잡아 마누라 초마(치마)감이 적합할세,
초마감 사가시오. (매호씨가 받아 구경꾼에게 준다) 고
깔을 접어들고 보니 무엇을 했으면 적합할까, 이리보고
저리보니 콩시루가 적합쿠나. 아서라 이것도 쓸 곳 없다.
재 삼태미가 분명하구나. 아서라, 이것도 쓸 데 없다. 이
리 저침 저리 저침 양 귀에 끈을 달아 마누라 서답(월경
대)감이 적합하다. 이 중 형세가 이러하니 중노릇은 다
집어치고 인간세계에 내려가서 남과 같이 살아보세, 매
화씨! 이것 갖다 네 마누라 주면 아들새끼 잘 날 걸세(
쫙 집어던진다).

남무 남무 남무 남무 남무
남무 남무로다
나무아미타불
관세음보살

중 복색이던 어름산이가 그 동안에 전복차림(미리 안에 있었다)의 남장 여신이 되었다.

매호씨 : 망했구나 망했구나, 빈대 한 마리 안 남겄구나. 그러나 저러나 저놈의 근본을 이를 것 같으면 살기로는 댓골 막바지 살고 먹기로는 열여섯을 먹었는데, 사내도 아닌 계집으로서 어름판엘 올라왔는데, 담덕하게 조고마한 놈이 뭘 하겠다고 올라왔는지 한 번 내가 볼 것이오.

아 이 새끼중아, 네가 여길 올라올 적에는 여기서 재주를 부려 볼려구 올라왔겄지?

어름산이 : 그렇지! 그놈 앙콤실이 말 한 자리 잘한다.

매호씨 : 그럼 네가 이 어름판을 건너갈 수 있단 말이어!

어름산이 : 아 그야 물론이지.

매호씨 : 그럼 네 한번 해 봐라.

어름산이 : 그렇지 이번에 한번 하는 판에는 똑똑히 볼거렸다.

매호씨 : 오냐!

(염불장단이 울린다)

어름산이 : 네 한번 건너가는데 잘 건너가면 재주가 용코 못 건너가면 재주가 메주가 되는 단이렸다.

매호씨 : 오냐!

(앞으로 가니 염불장단)

어름산이 : 거 한번 갔다 오기가 힘이 드는구나, 여기서 보기에는 얼마 안되기에 맘 푹 놓고 건너갔다가 죽을 똥 쌀뻔 했네! 그러나 갔다오긴 갔다왔으나 또 건너가기 난감하군, 가심(가슴)이 두근 반 서근 반하고 다리가 벌벌 떨리고 정신이 앗찔! 그러나 또 여길 건너가 보는데 장히 어렵것다. 매호씨! 이번엔 타령을 한번 울리고 장단줄로 건너가는데(타령장단)

매호씨 : 허 그놈 낙동강 오리알 떨어지듯 똑 떨어질 줄 알았더니 메주가 재주로구나.

어름산이 : 엑기 이놈 네미 쏠개가 붙을 놈, 자 그러면 이번엔 거미가 줄을 늘이는데 양 발을 늘이는 거렸다.

(거기줄 늘이기 - 타령장단)

어름산이 : 매호씨! 이번엔 뒤로 한번 걸어 나가는데 앞으로 가다가도 앗차하면 떨어지는 판인데 이놈은 뒷통수에도 눈이 달렸는지, 뒤로 한번 가보는 거렸다

(뒤로 훑기 - 타령장단)

어름산이 : 매호씨!

매호씨: 얼씨구!

어름산이 : 매호씨! 내가 이렇게 왔다갔다 놀고만 있을 것이 아니라 콩을 한번 심어 볼 것인데, 호미로 땅을 파고 심을 것이지만 이놈은 발로다 심되 이리 한번 심는 거렸다.

매호씨 : 이놈 콩멍석에 엎으러져 마마떡(곰보)이나 처먹어라.

(콩심기 – 타령장단)

어름산이 : 어허 장히 어렵구나, 옛날 옛적 고리장(고려장) 적에 아녁네들이 화장을 하는데 장분이라는 데 있어가지구 물을 찍었다가 손가락으로 개서 발라보는 거렸다.(몹시 콧잔등을 때린다)

(화장사위 – 타령장단)

매호씨 : 이놈아 지랄 초풍울 했구나, 별의별 잡동산이 뙤국놈 죽 끓듯 하는구나!

어름산이 : 그러나 저러나 이번엔 댓골 막바지 똥백골 참봉댁 맏아들이 한양으로 벼 백석 나귀실코 탕건(宕巾)사러갔는데, 붙으라는 과거에는 말미(뇌물) 부족하여 급살탕국을 먹고 오관수통 기생하나 꿰차고와 머리는 올렸

으니 감투는 감투렸다. 그 거동 좀 볼거렸다! 매호씨! 국을 부글부글

(굿(국)꺼리 치라는 뜻)

매호씨 : 오오냐!

(참봉댁 맏아들 - 굿거리장단)

어름산이 : 이번엔 억석에미 쭈구렁 할망구가 아전밑돌 십년에 돈푼이나 있다구 제법 아주 모양을 내는데, 밀가루를 큰 자배기에 쏟아 붓고 밀가루 반죽을 한번 치대 보는데 막 떼어다가 왕토쟁이 체벽치듯 막 발라보는데 야단나는 거렸다. 매호씨!

정기정기 정적궁

(타령 치라는 뜻, - 억척에미 화장사위 - 타령장단)

매호씨! : 이년아! 목구멍에 풀칠할 것도 없는 판국에 낯짝에다 떡칠을 해. 주리를 틀 년아!

어름산이 : 모르는 소리렸다. 그 양반댁 망아지는 약과도 마단다. 네 이놈 망아지 똥뗑이 채감도 못할 놈!

매호씨 : 죽일 놈이로구나!

어름산이 : 그러나 저러나 따뜻한 봄철은 돌아오고 마음은 생금생금하고 잔디 잔닢나고 아지랑이는 끼고 마음이 싱숭생숭하니, 우리 한번 여기서 놀아볼 것이렸다!

매호씨 : 얼씨구!

어름산이 : 내 여기 한번 나온김에 처녀 총각 소리나 불러보는 것이렸다.

오봉산 타령

오봉산 꼭대기

에루화 돌배나무는

가지가지 꺾어서

영산홍이로구나

에헤이요 데헤이야

연사홍록에 봄바람

가는 님 허리를

에루화 더덤썩 안고서

가지를 말라고

에루화 통사정을 하구나

에헤이요 데헤이야

연사홍록에 봄바람

어름산이 : (다시 재담) 이리 소리를 한참 부르고 나니, 옆에서 어떤 놈이 부시시 일어나기에 보니, 몸뚱이는

집채만 하고 대갈통은 물레덩어리만 하고, 눈깔은 사기 요강만 한 놈이 두리번두리번하며 일어서는데, 코는 곡 주리병만 하것다. 이런 놈이 꼴에 사내라고 계집을 호려볼라고 하는데, 이 청춘이 한번 끌어볼 작정인데, 이놈이 소리를 한번 하는데 제가 제법 나를 호리겠다고 하는 장면이 우습것다.

풍년가

뒷동산 살구꽃은

가지가지가 봄빛이요

곳곳에 푸른 산은

보리밭 머리가 풍년이요

에헤이요 올로로이 상사디야

에헤이요 올로로이 상사디야

에헤이 에이 에루화 좋다

풍년이로구나.

(처녀총각 – 타령장단)

매호씨 : 올탓구나, 이제는 재주가 없겠구나, 내가 한상 놀아볼 모양인데 이 쪼고만 놈은 고만 내려올 것이 렸다!

어름산이 : 허 허 이놈 누가 쪼고만가 키를 대보자 그저 이놈은 이곳이 어느 곳이라고, 아무 생각 말고 땅이나 짚고 똥이나 파내기로 싸붙여라!

매호씨 : 그렇다면 이놈 고약한 놈, 늬 집구석은 키가 커서 큰애비냐?

어름산이 : 그러나저러나 이번엔 이 어른께서 외호모거리를 하는데 장히 어렵것다. 까딱하면 못 보는 재주렷다. 매호씨! 정기 정기 정적궁!

(외호모거리 — 타령장단)

어름산이 : 장히 어렵것다. 이번에도 적쿵(타령장단)으로 허궁잽이로 나가는데 밑에 계신 손님은 내가 썩은 호박 떨어지듯 하는 날이면 납작떡이 될 터이니 정신 밧짝 차리시요! 나가는데.

(허궁잽이 — 타령장단)

어름산이 : 이번엔 뭐냐하면 가새트림으로 나가는데 정기정기 정적쿵

(가새트림 — 타령장단)

어름산이 : 이번엔 장히 위험시런 외허궁잽이로 가는데 이것도 역시 어렵것다.

매호씨 : 아니 네가 그것도 한단 말이냐?

어름산이 : 암 여부가 있나.

매호씨 : 이놈아 네가 하긴 뭘해.

어름산이 : 그럼 네가 해봐라!

매호씨 : 한다! 한다! (땅 위에서 흉내를 낸다)이만 하면 됐지!

어름산이 : 되긴 뭘 돼! 자 어르신네 나가시는 걸 봐라! 정기정기 정적쿵

(외허궁잽이 - 타령장단)

어름산이 : 자 그러면 하나를 더 붙여서 쌍허궁잽이로 나가는데.

매호씨 : 얼씨구!

(쌍허궁잽이 - 타령장단)

어름산이 : 이번엔 양반걸음으로 걸어 나가는데 어찌나 그릿느릿 걷는지 성질 급한 사람을 못 보것다. 양반이 멋이 잔뜩 드니 사죽(사지)이 오구러 드는데, 장단을 맞춰서 걸어 나가는데 오뉴월에 쇠불알 늘어지듯 하니, 한번 걸어가는데 정기 정기 정적쿵

(양반병신걸음 - 타령장단)

어름산이 : 좋은 시절 일년은 다 지나고 첫서리가 내렸는데 작골 막바지 꼰대골댁 샌님이란 분이 한 분계신

데 저 건너편에 밤나무를 많이 심어놓고 밤은 지키되 어린놈들이 밤을 막 따가는 데, 밤 따지 말라고 막 소리를 쳐도 가지는 않고, 이에 샌님이 화가 잔뜩 나가지고 두 주먹을 불끈 쥐고 쫓아가는 장면인데, 장단을 밧짝 몰아놓고 밤따지 마라! 정기 정기 정적쿵

(자진가락의 뜻 – 양반 밤나무 지키기 – 타령장단)

어름산이 : 이만하면 내 재주도 바닥이 났으려니와, 그 뿐만 아니라 이제 막판에 녹두장군께서 행차를 하신다고 여쭤라! 매호씨!

매호씨 : 네에이!

어름산이 : 이놈! '질(길)군악'을 몹시 치렸다!

그동안 앉았던 잽이들까지 다 일어나 줄 밑을 돌며 길군악을 울리면, 어릿광대 역시 신명진 춤을 춘다. 어름산이의 걸음걸이가 도도하다.

(녹두장군 행차 – 길군악장단)

때로는 '녹두장군'이 '최영장군', '임경업장군'으로 바뀔 때도 있다.

화장사위

사진자료
〈심우성 · 남사당패 연구〉
〈심우성 · 남사당 놀이〉 참조

여자로서 줄꾼이셨던 조송자趙松子(1927.11.4.~2000.10.20.) 선생이 세상을 떠나신지 어언 15년이 넘은 오늘날, 그의 출생지인 경기도 광주에 그를 사랑하는 후예들은 많이 살아계시다.

특히 「광주 광지원농악보존회」 민성기(광주중학교 교사) 선생을 비롯하여 여자 어름산이 '박상미'가 노력하고 있다고 한다. 그리고 2000년 12월 「문화재청」이 간행한 「심우성 · 남사당놀이」에는 줄광대 김정순의 사진자료가 꽤 소개되고 있다.

한편 보유자 조송자의 아드님 윤한병은 경기도 광주 땅을 떠나 지금은 「서울시 강북구 수유3동 195-11 중앙아트빌라 101호」로 이사를 했다.

그는 고 조송자씨의 옛자료를 일부 보존하고 있다.

김소희金素姬 여사와의 만남

- 소리는 목청이 아니라요!

어언 옛날이 되었군요.

1995년 4월17일, 세상을 떠나신 판소리 명창 김소희 여사는 나에게 잊지 못할 추억을 남기신 분이시다.

처음으로 만난 것이 1954년이니 어언 40년 전의 일이었다.

지금은 옛 모양을 짐작할 수 없을 만큼 변하고 말았지만, 광화문 네거리에서 가까운 덕수초등학교와 이웃하여 '서울중앙방송국'이 있었으니 당시로서는 우리나라 방송국의 중심이 되는 곳이었다. 나는 이 방송국의 '아나운서'로 「국악이야기」라는 시간을 맡고 있었다.

지금도 나이 드신 분들은 기억하는 우리나라 국악계의 원로이셨던 「성경린」, 「김천흥」 두 어른의 말씀을 들어가며 우리

아직도 생생한 김소희님의 소리가 담긴 음반들

김소희 선생님의 생가

음악의 소중한 내력을 다루는 프로였다.

예나 지금이나 제 것보다는 남의 것을 내세우는 것이 방송의 고질적 속성인지라 국악 애호가들에게는 더없이 기다려졌고 국악인들도 오로지 이 시간에 출연하는 것이 기쁨이었다.

실은 국악에 대한 소양이 없었던 나에게 「국악이야기」는 많을 것을 깨우쳐 주었다. 하긴 방송국을 2년 남짓 다니고는 '민속공부' 한답시고 꾸지람을 들어가면서도 전국의 이곳저곳을 돌다보니 방송국에서는 못된 놈이 되고 말았다.

이런 사실을 아신 '만정' 께서는 한 말씀 하신다.

"심 선생! … 큰 길, 외길은 바로 가셔야 해요! 허 허 소문이 좋질 않습니다."

때때로 나를 데려가 맛있는 음식을 주시면서 … '바른 길은 높은 길'이라 하신다. 당시 내 나이 스무살 남짓한 데, 항시 「선생」 칭호를 붙이신다.

"심 선생! 소리고 방송이고 목청으로 하는 것이 아니지요. 내 생각인데 소리란 적공 끝에 득음을 해야 하고 방송도 이치를 깨달아야 되는 것이라 하는데…"

그의 이러한 말씀에 나는 한 동안 「국악이야기」 시간만 되면 맥없이 더듬기 일쑤였다. 방송이란 목소리를 가다듬고 그저 소리내는 것이 아니라 생각을 가다듬어 알맹이를 말씀해야 하는 것임을 어렴풋이 알게 되었다.

1979년 세종문화회관에서 「만정 국악생활 50주년 대공연」을 할 때였다. 막이 오르기 직전 나는 분장실에서 그와 단 둘이 앉아 있었다.

　　이를 어쩔까!

　　잔뜩 긴장된 얼굴에 입 언저리와 손끝이 바르르 경련하고 있지를 않은가. 어쩌나! 하고 서로 눈을 바라보는데, 양 어금니를 꽉 깨물더니 표정이 일시에 환해진다. 그리고는 사뿐히 분장실을 나선다.

　　나는 서둘러 객석으로 나가 자리를 잡았다.

　　오호! 우레와 같은 박수와 함께 등장하는 그 당당한 모습!

　　육중한 바위가 어둠을 타고 무대의 한 가운데 자리잡더니, 선천적 '천구성' 으로 어느덧 청중을 사로잡고 만다. 50년 소리꾼이 무대로 들어서기 전 어금니를 깨무는 속뜻은 바로 소리를 목청으로 내지 않고 공력을 다하여 얻어낸 득음으로서만 가능한 것임을 실감케 하는 순간이었다.

　　적공 끝에 득음을 해야 하는데ㅡ.

(고수 김명환)

1995년 4월21일 아침, 나의 영원한 스승이신 만정 선생의 영결식에서 「고별사」를 맡으니 이승을 떠나시면서도 선생과의 지난 세월을 되돌아보게 해주셨다.

　　흐느끼는 유족들, 그가 이사장으로 재직하던 국악예술고등학교 학생들의 「국악의 노래」 그리고 무릎제자들의 조창 「만정가」가 마로니에 공원에 울려 퍼지니 아호! 만정은 끝내 우리를 두고 떠나시고 말았다.

　　"심선생! 소리고 방송이고 목청으로 하는 것이 아니지요!"

　　영결식장 한가운데 모셔 놓은 만정의 사진이 나의 속을 읽으시며 저렇게 내려다보고 계시는가.

　　만정 선생님 부디 명복 하옵소서.

　　만정晩汀 선생님

　　지금 여기 선생님의 영결식장에는 슬픔에 잠긴 유족과 가까우셨던 친지와 이웃 그리고 소복한 무릎제자들이 하늘을 우러르며 눈물을 삼키고 있습니다.

　　지금 여기 영결식장 마당에는 여기저기 꽃이 또 지면서, 파란 이파리가 싱그럽게 돋아나고 있습니다.

　　홀연히 떠나시는 선생께서 저희들에게 주시는 마지막 손길인 양 지금 이 곳에는 봄 온기가 스며오고 있습니다.

고아한 한복 차림에 단아하게 쪽을 찌시고 예술보다도 사람 됨됨이를 일깨워 주시려 했던 만정의 마지막 체온이 마로니에 공원에 잔잔히 일렁이고 있습니다. 엄엄히 사랑하셨던 유족들과 아끼고 아꼈던 제자들…. 그리고 선생님께서 그토록 소중히 여기셨던 국악예술학교의 모든 식구들이 떠나가심을 가슴 깊이 애도하고 있습니다.

선생님께서는 우리의 사표이셨고 큰 기둥이셨으며 어머니이셨기에 떠나신다는 것이 믿어지지를 않습니다.

더욱이 조금 전까지 이 마당에 울려 퍼졌던 그 청아한 소리와 정겨운 육성 녹음이 저희들 귓가에 역력히 머물러 있으니 말씀입니다.

제가 만정님을 처음 뵌 것이 1954년이니 어언 40년이나 되었군요. 서울중앙방송국에 몸담고 있을 때였습니다. 아나운서로서 방송에서 판소리를 소개하며 말씀도 나누고 있었는데….

지금 생각해보니 그 무렵 선생께서는 비길 데 없는 독창적인 소리의 경지를 구축하시면서 주위의 인기를 독차지하셨던 마흔 살 전후이셨습니다.

그로부터 저는 선생의 사랑을 남달리 받았습니다.

국악예술학교가 창덕궁 앞에 자리 잡을 무렵 방송국

을 그만두고 민속예술을 연구한답시고 방황하고 있을 때였습니다. 당시 교장이셨던 박헌봉 선생께 특청을 드려 미숙한 저를 「국악사」를 가르치는 교사로 채용토록 해 주셨으니 이 바닥으로 이끌어 주신 인도자이셨습니다.

평소에 그처럼 만나 뵙고 싶었던 국악계의 큰 스승을 한 자리에서 모시게 되었습니다.

그때만 해도 국악예술학교는 우리 국악계의 단연 큰 집이었습니다. 만정선생은 물론이요, 박녹주 선생, 김여란 선생, 박초월 선생, 성금련 선생, 한영숙 선생, 박귀희 선생, 지영희 선생, 한범수 선생, 김성대 선생, 윤영춘 선생, 남운용 선생, 김윤덕 선생, 김순태 선생, 유개동 선생, 이창배 선생, 그 밖에도 큰 기둥께서 이 학교에 다 계셨으니 저는 하루하루가 그저 행복하기만 했습니다.

이처럼 훌륭한 배움터로 이끌어주셨던 만정 선생께서 오늘 저희들 곁을 떠나시려 하시는군요.

선생께서는 이제 저승에 가시면 앞서가신 여러 선생님과 만나셔서 못다 하셨던 정담도 나누시고, 또 저희 후학에 대해 걱정도 하시겠지요. 언젠가 말씀하셨습니다. 학습 있는 명인 대가들이 한 사람 한 사람 가버리시니 막막하기만 하고 그저 훌쩍 떠나고만 싶으시다고, 저희들

몰골이 오죽 답답하셨으면 그런 말씀을 하셨겠습니까.

또 한 가지 옛날 생각이 나는군요. 선생께서 저를 국악예술학교 교사로 채용하셨을 때만 해도 저는 젊디젊은 20대 초반인지라 장차 올바른 사람 되라고 국악을 열심히 연구하라고 특히나 일깨워 주신 두 분이 계셨습니다.

박녹주 선생께서는 어울리지 않는 응석까지 받아주시며 한 돈짜리 금반지까지 빼주시며 귀여워 해주셨는데, 만정께서는 사랑의 회초리를 드시고 베풀어 주셨습니다.

이 두 어른의 사랑의 조화가 그나마 저로 하여금 오늘이 있도록 도와주셨다는 생각입니다.

어떤 이는 만정 선생을 「학」이라 하는가 하면 「거북」에 비유하기도 하고 「연꽃」이라고도 합니다. 「매화」와 「난초」와 「국화」와 「대나무」의 모든 것이 아닌가 싶습니다.

선생께서는 소리를 하시면서 춤을 추시고 온갖 기악을 하시고 또 글씨를 쓰셨습니다. 그저 하신 것이 아니라 분야마다 일가를 이루시면서 삶의 양식으로 삼으셨습니다.

그러니까 소리를 춤으로 추시고, 기악을 소리로 담으시는가 하면 글씨가 소리요, 소리가 글씨로 승화하는 과정을 부단히 시도하셨습니다. 이처럼 고매한 경지를 한 치의 틈도 없이 밀고 나가시려 하니 때로는 맵고 차다는 말씀도 들으셨습니다.

그런데 이것은 또 웬일 입니까. 선생의 그 차고 매운 꾸짖음을 그 어느 제자도 서운해 하는 자 없으니 말씀입니다. 올곧게 꾸짖어 주시는 마지막 스승이 바로 '만정 김소희' 선생이셨습니다.

선생님!

이제 장황한 사설은 그만하고 고별의 말씀을 올려야 하는가 봅니다.

딸, 아들, 손자를 비롯한 모든 유족들. 어제 오후 입관의 의례를 올리면서 오열하는 그 얼굴 얼굴에서 유지를 받들겠다는 다짐을 읽을 수가 있었습니다.

저지 저 제자들의 모습을 보고 계시겠지요.

슬픔을 씹으며 자랑스러운 스승의 뒤를 잇겠다고 입을 굳게 다물고 있지를 않습니까! 꼭 스승의 올곧은 그 몫을 다할 것이니, 고이 눈을 감으시기 바랍니다.

세상 사람들이 다 선생께서 오늘 떠나심을 애도하면서 명복을 빌고 있습니다.

만정선생님!

지금 저희들은 여기 마로니에 공원에서 고별의 의식을 올리고 있습니다. 실은 선생께서는 영원히 우리의 곁에서 아니 이 삼천리금수강산에서 떠나실 수가 없으십니다. 영원불멸의 참 소리를 소중히 담아 우리 모두에게 남겨 주시지 않으셨습니다. 그러니 선생의 소리는 만고불변의 유산으로 이 땅에 살고 있을 것입니다.

선생님!

그저 가벼운 마음으로 먼저 떠나주시기를 바랍니다.

저희들도 곧 뒤쫓아 뵙게 될 것이니 말씀입니다.

어서 평온히 눈을 감아주시길 바랍니다.

제가 선생님을 마지막 뵈온 것은 어제 오후 4시 입관 직전이었습니다. 표정이 너그러우셨습니다.

지금 여기 영결식장 안의 흐느낌은 선생의 유지를 받들고자 하는 제자들의 다짐의 소리이오니 부디 눈을 감아 주시길 바랍니다.

1995년 3월21일 아침,

후학 심우성 삼가 명복을 비옵니다.

만정 김소희 선생님 안녕히 가세요.

김소희 선생님의 영결식장에서

樂人葬永訣式

Grave of Kim So-hui
Gochang-gun, Northern Jeolla Province

판소리 인간문화재

金素姬씨 별세

판소리 명창인 인간문화
재 金素姬씨가 17일 오후
9시 35분께 서울 중구 제
일병원에서 지병인 간암으
로 별세했다. 향년 78세.

빈소는 서울대 영안실에
마련됐으며 장례식은 21일
전북 고창에서 국악인장으
로 치러질 예정.

김재철金在喆 시詩 십이편十二片

우리나라 근현대 최초의 연극사演劇史를 남기신 분은 1933년 「조선연극사朝鮮演劇史」를 쓰신 김재철金在喆(1907~1933) 선생이시다.

그는 충청북도 괴산에서 낳으셔서

1931년 경성제대 조선문학과 졸업.

1933년 평양사범에서 교편생활을 하신 분이기도 하신데, 그의 소중한 저서인 「조선연극사朝鮮演劇史」를 출간(1933)하시고 세상을 떠나셨다.

필자가 이 책과 만나게 된 것은 1950년 해방직후 집안 뒷방에 넓은 서실書室이 있었는데 그곳을 뒤지다가 만나게 되었다. 나는 당시 서울 종로에 있는 휘문중학교 3학년생이었는데 연극이 마음에 들어 '연극반'에 들어 있었으니 반가울 수밖에.

해방 후 6.25난리 등 별의 별 일이 많았는데도 「김재철金在喆·조선연극사朝鮮演劇史」는 오늘까지 가슴에 안고 있다.

그런데 나와 함께 나의 아버님(沈履錫, 1912~2002)께서 가까이 왕래하셨던 '서울시 종로구 관훈동 147'에 있는 통문관通文館이란 서점에 자주 드나들고 계셨다.

그러던 어느날(2004.5.15) 「통문관」 대표이신 이겸로李謙魯 (1909.10.10.~2006.10.15) 선생께서 헌 종이봉투를 내놓으시니 이건 또 무엇인지? 허 허 놀라운 일이다.

내가 직접 만나 뵙지 못했던 김재철 선생이 쓰신 시詩 12편이 들어있다.

— 선생님! 이것 참 귀중한 자료입니다!

— 그래? 그럼 가지세요.

— 아니예요.

그런데 나의 스승이셨던 이겸로李謙魯(1909.10.10.~2006.10.15.) 선생님께서도 벌써 저 세상 가셨으니—.

「김재철金在喆 시詩 12편」과 「통문관通文館」 이겸로李謙魯선생 사진을 이 책에 함께 올리고 싶다.

그저 평안하시옵소서.

著 者 小照 와 筆蹟

正民

朝鮮語文學叢書(三)

朝鮮演劇史

文學士 金在喆 著

—1933—

京城

朝鮮語文學會

김재철金在喆 **선생**

이겸로李謙魯 **선생**

김재철金在喆 시詩 십이편十二片

봄은 왔다 (1928.3)

春は末れど(1928.4)

종로鐘路(1929.3)

바다의 아츰(1929.3)

일은봄(1929.3)

님이어(1929.3)

잡념일속雜念一束(1929.3)

과거過去다(1929.4)

서울광진곡狂進曲(1929.4)

월광月光의 곡曲(1929.4)

싀골광진곡狂進曲(1929.5)

봇다리타령(1929.10)

기다렸다가

잔 교환때도 잔을

하인배기리를불러

娘子애써헤라하고

盞을 걸 武를가너라하세

× ×

마꿈 내정이하

南소하情을 둘러위하며

사랑에 리여나는

우씨 시찬뜻이

最後線 까지나하라

懇請하는 想村이라……」

천서

春は来ぬ

肌を刺しくる　北風が
北風激えて　何番か
血を滲うしくる　句雪が
渓辺っと　流れ去る

　　×　　×

若き芽出づる　春の野に
微笑み開く　春花
春に脱ぴくる　胡蝶らは
楽しくにい　はるうて

　　×　　×

谷を通るる　細川は
白鷺長く　引き連れし
小石の上を　チョロチョロと
流の果は　海がうと

　　×　　×

春風吹くも　冬去るも
ころころ回る車輪の　時がれ
謎の自然の　いだづうと
問をまさした　我が胸には

Relation)
×

(Life is short) (But art is long)

×

×

×
(Es ist nicht alles Gelo

시므 狂曲

만석중놀이의 고찰考察

1. 유래

현재로써는 하나밖에 전하지 않고 있는 그림자극 「만석중놀이」에 대한 유래는 극히 일부분만이 문헌기록으로 전하고 있다.

몇 분의 증언 고증이 있기는 하지만 충분한 것이 되지 못하여 완전한 재구성을 하는 데는 문제가 따른다. 먼저 이 방면의 선각자 송석하宋錫夏(1904~1948)의 《조선민속개관朝鮮民俗槪觀》 중에 경기도 개성開城지방에서 음력 4월 8일에 초파일놀이의 하나로 전승되었음을 단편적으로 간단하게 기록하고 있다.

한편 우리나라 최초의 연극사인 김재철金在喆 선학先學의 《조선연극사朝鮮演劇史》(1933년, 조선어문학총서朝鮮語文學叢書③)에 문헌고찰과 함께 비교적 소상한 연출현장을 기록하고 있다.

A. 연출演出

「만석중놀이」는 4월 8일 석가탄일에 연출하는 것이니 일종의 기형적畸形的 무언극無言劇이다. 인형을 조종하는 사람은 물론 있지마는 그들은 「꼭두각시 극」에서와 같이 서로 대화도 아니하며, 다만 관중이 볼 수 없는 곳에 숨어서 끄나풀을 잡아당겨 인형을 조종할 뿐이다. 그 무언 인형극은 반주하는 음악과 조화되어 인형이 움직이기 시작하면 관중은 저절로 그것을 이해하게 된다. 만석중놀이의 인형은 5∿6종이 있으니 즉 만석중, 노루, 사슴, 잉어, 용 등이 그것이다.

이제 그림을 빌어 간단히 연출의 모양을 말하면,

1. 만석중 [제1도第一圖]

「만석중」 인형의 정면은 관중에게 향하고 인형 뒤에는 조종 하는 사람이 숨어서 끄나풀을 잡아당긴다. 제1도第一圖의 점선은 끄나풀이다. 인형 뒤에서 그것을 잡아당기면 B구멍을 통하여 끄나풀이 켱겨지기 때문에 A는 위로 올라가게 되며 따라서 두 발은 머리를 치게 되고 이와 똑같이 하여 두 팔은 가슴을 치게 된다.

이와 같이 조종자가 끄나풀을 잡아당겼다 놓았다 하는 동안에 만석중 인형은 쉴 새 없이 얼굴과 가슴을 치는 것이다. 이 인형은 얼굴은 호류瓠類로 만들고 동체胴體는 나무로 바가지 같이 만들고 수족手足은 딱딱한 목편木片으로 제작된 거대한 인형이며 따라서 요란한 소리는 상상하기에 어렵지 않다. 이것은 연극의 처음부터 끝까지 쉴 새 없이 뚝딱거린다.

[제 1 도]   [제 2 도]

2. 노루와 사심이

꼭두각시 인형(만석중놀이 인형을 뜻함, 필자 주註)은 두꺼운 곽쪽으로 만들은 것이니 즉, 목·다리·꼬리 등을 각각 곽을 오려 만들어 놓고, 각 부분을 다시 못(針) 같은 것으로 연결시킨 것이니 움직일 때에는 못을 중심삼고 동작하게 된다.

[제2도第二圖]참조.

각 부분에 실(絲)을 늘여 조종하면 인형은 머리를 내두르고 꼬리를 흔들며 발로 서로 차기도 한다.

「만석중놀이」에서 노루와 사심이는 대립하여 있으니 그러면 노루를 조종하는 실B와 사심이를 조종하는 실C를 A에서 한데 매고 교묘하게 조종하면 [제3도第三圖] 실이 켕기기 때문에 두 동물이 서로 물고, 뜯고, 차고 하는 것 같이 보인다.

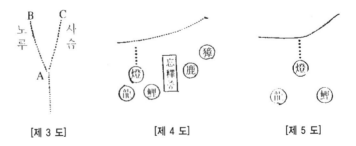

[제 3 도]   [제 4 도]   [제 5 도]

3. 용과 잉어

용龍과 잉어鯉魚는 지류紙類로 만들었으며 연출할 때에 그 위치는 [제4도第四圖]와 같다. 즉 실을 좌우로 잡아당기면 등燈이 왔다갔다 하게 되며, 따라서 등은 잉어 한테로 갔다 용한테로 갔다 한다. 그래서 등은 잉어와 용의 입에 들어갔다 나갔다 하는 것 같이 보이며, 용은 쉴 새 없이 돌아다니게 실을 늘여 놓았다.

다시 말하면 「만석중놀이」를 연출할 때에 그 인형의 배열은 [제5도第五圖]와 같다. 만석중은 중앙에서 쉴 새 없이 뚝딱거리며 그 우편에는 용과 잉어가 등(여의주를 의미)을 가지고 희롱하며 좌편에는 노루와 사심이가 서로 싸움을 한다.

「만석중놀이」는 대개 담(垣) 구석에 붕棚을 설設하고 연출하는 것이지마는 어느 때에는 시장市場 중앙에서 꼭두각시극과 병연並演하는 때도 있으며 혹은 용龍, 잉鯉, 장獐, 록鹿 등을 사용하여 채화彩畵로 비추기도 한다.

B. 발생

음력 4월 8일 석가탄일에 관등하는 풍습은 금일에도 남아 있지마는 그것은 려대 麗代의 연등회燃燈會에서 내려온 풍습이다. 《대동운부군옥大東韻府群玉 고려사高麗史》에

고려례어춘정월高麗例於春正月, 설연등대회設燃燈大會, 문종자궐정지사문文宗自闕庭至寺門, 결채붕結彩棚, 작등산화수광조여주作燈山火樹光照如畫, 시일왕비로부是日王備鹵簿, 솔백관친예행향率百官親詣行香.

이라 하였으며, 《지봉유설芝峰類說》에

안고려사국속按高麗史國俗, 자왕궁국도自王宮國都, 이급향읍以及鄉邑, 정월망연등이야正月望燃燈二夜, 지공민왕조역연이최흡어사월팔일至恭愍王朝亦然而崔恰於四月八日, 연등위락운燃燈爲樂云, 양설부동兩說不同, 금속사월팔일연등今俗四月八日燃燈, 인위출어불가人謂出於佛家, 이석가생일고야以釋迦生日故也.

라 하여 정월에 있었음을 말하였으나 후대에 와서는 대체로 4월 8일에 하게 되었다. 석가탄생일에는 노유남녀老幼男女들은 새 옷을 갈아입고 낮에는 절에 가고 밤에는 관등하러 내려오며 집집마다 거리마다 오색등을 점화하여 불야성을 이룬다. 그중에는 동물을 그린 회등용迴燈龍까지 볼 수 있으며 어느 때에는 괴뢰傀儡를 조종하기도 한다. 《동국세시기東國歲時記》에,

사월팔일즉욕불일四月八日卽浴佛日, 동속이시일연등東俗以是日燃燈, 위운등석謂云燈夕 … 혹작괴뢰或作傀儡, 피이의상被以衣常, 계색이배롱지繫索而弄之

라 한 것은 「만석중놀이」가 연출되었음을 말하는 기사記事다.

법등法燈을 켜는 것은 어두운 밤에 등이 비치는 것과 같이 불법은 속계俗界에 치암癡闇을 없앤다는 뜻이며, 연등은 연등불燃燈佛과도 관계가 있는 듯하니 연등불은 과거에 세상에 나와서 석가보살釋迦菩薩에게 래세성도來世成道의 기별記別을 준 부처이며, 정광錠光, 보광普光이라고도 한다. 제화위국提和衛國(Dipavati)의 성왕聖王이 명종命終할 때에 태자太子 정광에게 그 나라를 맡겼으나 태자는 세상의 무상함을 알고 나라를 다시 아우에게 주고서 자기는 출가하여 사문沙門이 되고 성도하여 부처가 되었다. 그 때에 석가보살이 연등불에게 공양을 하자 부처는 크게 기뻐하여 내세 성도의 기記를 주었다 한다.

《대지도론大智度論》 권구券九에,

"연등불이 탄생할 때에 그 신변身邊이 등과 같았다. 그래서 연등태자煙燈太子
라고 이름하였으며 부처가 된 뒤에도 역시 연등이라 하였다."
고 한다.

연등회는 처음에는 그 시기가 일정하지 않았으나 그 후에 와서는 석가탄일을
기념하여 온전히 4월 8일에 하게 되었다. 무수한 법등法燈은 낮과 같이 밝으며 조종
하는 실을 따라 「만석중」은 수족手足을 뚝딱거린다. 그 만석중이라 하는 것은 혹은
연등불을 의미한 것이 아닐까? 즉 사위四圍의 무수한 등명燈明 속의 만석중의 존재는
마치 연등불 탄생 고사故事와 비슷하며, 그 시기에 연등에 한하였음을 보면 비록 후대
에 와서 잡희화雜戲化 하였다 하더라도 그 내력은 연등과 관련된 것이 아닐까 한다.

만석중놀이의 용龍앙鯉장獐록鹿의 동물은 반드시 일정치도 않으니 《동국세시
기東國歲時記》에,

우유영등又有影燈, 리설시기裏設施機, 전지작렵기응剪紙作獵騎鷹, 견호랑록장치토
상전어기犬虎狼鹿獐雉兎狀傳於機, 위풍염소전爲風炎所轉, 외간기영外看其影

이라 한 것을 보아도 알 수 있다. 물론 연등은 최초에는 단순한 등명이었던지 혹은
간단하고 움직이지 않는 불상이었던 것이 차차로 민간의 호사자들과 치자侈者들이
실을 붙이고 조종하여 인형의 동작을 볼 수 있게 되고 후대에 와서 여러 가지가 가
입되어 잡희화雜戲化 하게 되었으리라고 추측되니 전기前記한 고려 문종文宗때의 연
등에는 잡희의 형적이 전혀 없고 오히려 엄숙한 의식 같으며 《려조조훈麗祖組訓》제
육第六에,

짐소지원재어연등팔관朕所至願在於燃燈八關, 연등소이사불燃燈所以事佛······

이라 하였으니 얼마나 중대한 의식임을 알 수 있으나 《동국세시기》에 '치자혹작괴뢰侈者或作傀儡'라 한 것을 보면 후대에 와서 치자 · 호사자들이 많이 하였음을 짐작할 수 있다. 하여튼 간단과 복잡은 고사하고 만석중은 려대麗代 연등의 유물인 듯하며 그 것이 잡희화 하게 된 것은 민간 호사자의 손으로 된 것인 듯하다.

　　　《경도잡지京都雜誌》에,

　　　연극유산희야희양부演劇有山戲野戲兩部, 속어나례도감屬於儺禮都監,
　　　산희결붕하장山戲結棚下帳, 작사호만석승무作獅虎曼碩僧舞, 야희분당여소매무野戲扮唐女小梅舞, 만석고려승명만석高麗僧名···

이 있으니 이 기사는 어느 정도까지 신뢰하여야 할런지는 문제이다. 즉 만석승무가 산희山戲라는 것이며 나례도감에 속하였다는 것이며 당녀唐女는 산대극에 나오는 한 가면임에도 불구하고 하나만 떼어다가 야희野戲라고 한 것 등은 다시 고구考究를 요하지마는 하여튼 만석승무라 하는 것은 만석중춤에 대하여 차용借用된 한자漢字일 것이며 만석曼碩이라 함은 고려승高麗僧에 그 이름을 볼 수 없으니 혹은 「만석중」의 거대한 인형에 대하여 「넓고 커다란 중」이라는 뜻으로 만석曼碩이라는 한자를 대입한 것이 아닐까?

　　　만자曼字는 길고 넓다는 뜻이며 석碩은 크다는 말이니 《시전詩傳》〈로송민궁장魯頌閟宮章〉에도 '공만차석孔曼且碩'이라고 있다.

　　　일방에는 '만석중놀이' 발생에 관한 민간의 전설이 있으니 참고로 간단히 소

개하여 보면

　　"송도 명기에 황진이가 있으니 그는 천하에 절색이다. 그는 당시 유명한 중 지족선사知足禪師의 마음을 시험하여 보았다. 지족선사는 30년 내 면벽面壁으로 거의 생불이 되다시피 되었으나 그 동안에 절에서 제齊를 올릴 제 기원자祈願者한테서 쌀을 너무 많이 받았기 때문에 만석萬石중이라는 별명을 갖게 되었다. 그 만석중 지족선사는 진이眞伊때문에 일조一朝에 도道가 부서지고 말았다. 그래서 미인 앞에 힘이 없고 축원자한테서 많은 쌀을 뺏은 지족선사를 풍자하기 위하여 만석중놀이가 발생하였다" 는 것이 그것이다. 진이의 색모재예가락色貌才藝歌樂에 관해서는 이덕형李德泂 저著인 《송도기이松都記異》에 극구로 칭찬하였으며, 지족선사와의 관계에 대해서는 허균許筠 찬撰인 《성옹식소록性翁識小錄》에 실려있다. 그러나 이 발생 전설은 후대에 와서 부회 附會한 설화이니 「만석중놀이」가 이조에 와서 자주 연출되자 그에 대한 발생 전설을 꾸며낸 것이다.

　　이상이 조선연극사 제2편 제2장 제3절을 그대로 소개한 것이다. 이에 대한 필자 나름의 약간의 이견異見도 있으나 다음 기회에 밝히기로 하고 이어서 최상수崔常壽가 쓴 《한국인형극韓國人形劇의 연구硏究》의 「만석중놀이 조條」를 역시 원문에 충실하게 다음에 소개한다.

　　음력 4월 8일 석가탄일에 축하 여흥으로 대개 담(垣) 구석에 붕棚을 설하고 연출하던 1종의 무언 인형놀이로, 만석중 인형의 가슴에 구멍을 두 군데 뚫어, 4개의 끈을 통하게 한 다음, 좌우 양 손과 양 다리 끝에 각 한 가닥씩 꿰어서 빠지지 않게

한다. 그러면 인형 놀리는 이가 인형 뒤에서 가슴 구멍을 통한 줄을 잡아당기면 그 당기는 줄에 따라 양쪽 손은 가슴을, 양쪽 다리는 머리를 치는 것 뿐이다.

이 인형은 얼굴은 바가지를, 몸뚱이와 팔 다리는 나무를 가지고 만드는데 몸에는 장삼長衫을 입히고 머리에는 송낙을 씌운다.

이 만석중 인형을 중심으로 좌편에는 노루와 사슴이 다투는 형상을 하고 있고, 우편에는 용과 잉어가 여의주를 뜻하는 등 을 토했다 삼켰다 하는 형상을 하는 것이니, 이것은 처음부터 끝까지 그렇게 하는 것이다.

사슴과 노루는 두꺼운 마분지를 각각 오려서 만드는데, 목·다리·꼬리의 관절은 못이나 바늘 따위를 연결해 놓는다. 그러면 이것들이 움직일 때에는 이 못 따위를 중심으로 움직이게 되는 것이다. 이 놀이에서 노루와 사슴의 각 부분에 실을 늘이어 조종을 하면 머리는 내두르고, 꼬리는 흔들며, 발은 서로 차게 되어 있다. 마치 두 짐승이 싸우는 것 같이 보이는 것이다.

용과 잉어는 창호지를 오려서 물을 들여 각각 만드는데, 이 용과 잉어 사이에는 제등提燈을 매달아서 실을 좌우로 잡아당기면 등이 잉어한테로 갔다가 또 용한테로 갔다가 하므로 그 것이 잉어와 용의 입에 들어갔다 나갔다 하는 것 같이 보인다. 이 놀이의 발생에 대한 전설이 있으니 이를 요약하면, 30년 동안 불도를 닦아 생불이라고 일컫던 지족선사는 그동안 재를 올리는 기원자로부터 쌀을 너무 많이 받아들였기 때문에 만석萬石중이란 별명을 듣게 되었는데, 그는 송도 명기 황진이의 미색으로 인하여 하루아침에 오랜 동안의 수도가 허물어지고 말았음으로 이를 풍자하기 위하여 이 놀이가 발생 하였다는 것이다.

우리는 황진이의 미모와 재예才藝, 그리고 가락歌樂에 대하여는 여러 문헌을 통하여 알고 있는 바이지만, 이 전설은 본래 의 이 놀이와는 정반대로 후세의 견강부회牽强附會로서, 이 놀이가 이조 때에 와서도 하나의 구경거리로 자주 연출되자 이러한 발생전설이 조작된 것이라고 본다.

이 놀이는 최근 27~8년(주註 : 1960년대 초를 기준)내에는 전혀 그림자도 볼 수 없게 되었다.

이상 최상수의 만석중놀이에 대한 기술은 앞의 김재철의 소론所論과 거의 일치함을 알 수가 있다.

이와는 달리 남사당패 놀이의 꼭두쇠(우두머리)였으며, 꼭두각시놀음의 대잡이(주조종자)였던 고故 남형우南亨祐와 산받이(악사·인형과의 대화자)였던 고故 양도일梁道一은 다음과 같은 회고적 증언을 남기고 있다.

"…10세 안팎에 남사당 삐리(초입자)로 따라다닐 때, 4월 초파일이면 흔히 볼 수 있는 것이 《만석중놀이》였다. 담 구석이나 대가大家의 넓은 벽을 의지하고 2발쯤 떨어진 자리에 3발쯤 간격의 기둥 2개를 세우고 그 양 기둥에 넓은 차일遮日을 사람 키보다 높게 평평히 붙잡아매 흡사 극장 영사막처럼 장치하고 담이나 벽 밑에는 활활 타오르는 「화톳불」을 핀 다음 중, 용, 잉어, 10장생 등의 인형을 화톳불 차일 뒤에서 놀리면 흡사 요즘 활동사진 보는 것 같았다…."

(1971.11.13 필자와의 대담 중에서)

이 밖에도 개성 출신의 윤상근尹相根(1971년 73세로 졸, 앞의 남형우 옹의 가까운 친지)은 직접 관극했던 기억을 다음과 같이 되살리고 있다.

"…고깔 장삼을 입은 중이 포장 앞에 나서서 중춤을 추는데 뒤에 포장에서는 망석이(만석중을 이렇게 부르고 있다)는 가슴을 땅땅 치고 별난 짐승들이 다 나왔다 사라졌다 한다. 용과 잉어의 싸움이 가장 볼만했다. 중이 춤출 때나 인형들이 놀 때는 염불이나 수심가를 불렀다…."

이와 같은 만석중놀이와 관련되는 자료를 수합하고 있는 중에 뜻밖에 이 놀이를 소상히 기억하고 있는 증언자를 만나게 되었다. 경상북도 양산군의 큰 스님 경봉鏡峰스님과의 만남이다.

스님을 가까이 모시는 분으로부터 분명 잘 알고 계실 것이라는 귀띔이 있는데도 묵묵부답이시다가 필자가 쓴 《남사당패 연구》라는 책을 드린 후에 조금씩 입을 열었다. 귀중한 증언을 간략히 요약하면 다음과 같은 것이다.

"…종소리로 시작하여 십장생이 뛰놀고, 회심곡(화청)이 은은히 퍼지며 10장생이 나타났다 사라지는가 하면, 용과 잉어가 여의주를 제 것으로 하려고 다툰다. 그러나 끝내 누구도 여의주를 차지하지는 못한다. 그를 배경으로 한 중이 앞에 나서 「큰 물고기 어항 속에 노니는 형태」인 운심기작법運心偈作法을 춘다.

10장생도 결국 장생長生치를 못하고 용과 잉어도 여의주를 얻지 못함을 화청和請을 불러 일깨우는 것이다.

중의 춤도 긴 법복을 내어 저으나 결국은 어항 속에 물고기에 불과하다는 뜻이다."

(1978년 5월 12일 필자와의 대담에서, 요약)

이 얼마나 반갑고도 소중한 증언자료 인가, 그 후로 10여 차례 방문하여 더 소상한 증언을 바랬지만 스님께서는 「불심佛心으로 하는 짓이여」를 연발하실 뿐이었다.

(주註 : 1982 경봉鏡峰큰스님 입적入籍)

2. 근간近間에 있었던 발표공연

10년 가까이 자료를 수집해 온 한국민속극연구소韓國民俗劇研究所는 1980년부터 부설극단 「서낭당」을 중심으로 이 그림자극의 발굴 · 발표를 기획하기에 이르렀다. 먼저 앞에서 열거한 고증자료를 바탕으로 놀이의 순서를 짜보기로 하는 한편, 등장 인형인 만석중과 용, 잉어, 갖가지 등燈 그리고 십장생 인형을 만들기 위하여 주로 민화와 옛 10십장생 병풍을 참조하기로 했다. 몇 차례의 수정을 받으면서 대충 다음과 같은 「놀이 진행표」를 작성하기에 이르렀다.

1. 등의 행렬(장면의 시작과 끝에 만석중의 몸짓)
2. 10장생 등장 → 퇴장(화청 시작)
3. 다시 등의 행렬
4. 용과 여의주의 겨룸(운심게작법)
5. 등의 행렬(범종 소리)

일단 경봉 큰스님으로부터 「꽤 비슷한 것 같다」는 말씀을 들은 것이 1982년 큰스님께서 세상을 떠나시기 바로 전이었다. 어쩌면 큰스님의 입적이 우리들로 하여금 이 놀이의 재현작업을 서두르게한 계기가 되었을 듯싶다. 그러나 하나 같이 쉬운 일이 없었다. 「운심게작법」을 출 수 있는 스님, 또 「화청」을 잘 해줄 스님을 찾는데도 1년은 꼬박 걸렸다. 등잔 밑이 어둡다고 평소에 가까이 지낸 국악계에서도 알려져 있는 일응一鷹(속명俗名 이재호 李在浩)스님이 화청과 운심게작법에 아주 능하다는 정보를 듣고 곧 찾아 부탁했으나 별로 신통해 하지를 않는다. 뒤에 안 일이지만 「만석중놀이」라는 명칭이 스님을 비방하는 듯하다하여 주위에서 말렸다는 뒷소식이었다.

놀이의 깊은 뜻을 설명하고 또 경봉 큰스님과 대담한 「녹음 테입」 등을 접하자 일응스님은 쾌히 승낙하며 그 후로는 오히려 적극적인 후원자가 되었다. 인형 가운데 목각木刻은 필자가 맡았고 그 밖의 장판지로 만든 등 10장생, 용, 잉어, 목어 등의 미술은 강승균姜承均, 송기복宋基福 그리고 조종은 조용수趙容秀가 맡아 그가 주재하고 있는 현대인형극회의 이명숙李明淑, 김선지金善芝 등이 담당하여 연습을 했다.

처음 하는 일이라 시행착오 투성이었는데 이런 가운데 음향을 정리하여 준 박용기朴龍基 그리고 인형조립과 무대를 꾸미는데 땀흘렸던 정우청鄭雨清, 이호경李鎬炅, 류지선柳志善, 주미란朱美

蘭, 김용숙金容淑, 김정미金貞美 등이 있다.

제1차 발굴·발표는 1983년 4월 24일 부터 5월 3일까지 1일 1회, 오후 7시 30분 문예회관 소극장에서 있었다.

본디의 놀이판(무대)은 야외이고 화톳불로 비쳐야 하는 것이지만 오히려 극장에서 조명을 비치는 방법이 손쉬웠기 때문에 이렇게 된 것이다.

운심게작법·화청 ──── 일응一鷹 이재호李在浩
사물四物 ──── 동하東河 윤만순尹萬順
성암惺菴 이길남李吉男
청월靑月 송흥식宋興植

4인이 음악과 춤을 담당하면서 첫 선을 보였던 것이다.

반응은 다양해서 사라져간 그림자극 유산을 하나 되찾게 되었다는 찬사가 있는가 하면 인형의 형태나 극 진행상에 무리가 있다는 등 비판이 있었지만 긍정적으로 받아들이기 위하여 구체적으로 질문을 하게 되면 역시 우리와 다를 바 없는 모색단계摸索段階의 의견들이었다.

그로부터 1년 후인 1984년 5월 8일 밤, 바로 「부처님 오신 날」에는 해인사海印寺 대강당에서 두번째 발표회를 초청으로 갖게 되었는데 이때는 화청과 운심게작법의 반주음악은 「녹음 테입」으로 대신하게 되었고 작법무作法舞는 한국무용아카데미 회장

박미자朴美子, 인형조종은 박광태朴珖兌, 최진희崔眞姬, 김용숙金容淑이 맡았다.

세번째 발표회인 1985년의 국립극장 야외무대 공연에서는 작법무에 태경台經 김종관金鍾官스님이 가담하게 되면서 스님들이 이 놀이에 직접 참여하는 계기가 되었다. 태경스님을 중심으로 운공雲空 박형종朴瀅鍾스님의 북(鼓), 진락眞樂 주석언朱錫彦스님의 징(동조銅鑼)을 갖추게 되면서 만석중놀이가 제자리를 찾는 양 싶었다.

태경스님은 일응스님을 찾아 전라북도 전주에서 1년 가까이 무릎제자 노릇을 했으며 나머지 스님들도 연습을 게을리하지 않았다. 이러던 중 1986년 일본 오사까(대판大阪)에서 열리는 「'86 오사까 국제인형극 페스티발」에 만석중놀이가 초청을 받게 되었다.

페스티벌 기간 중(1986. 4. 23～4. 29) 오사까에 있는 국립 분라꾸극장(國立文樂劇場)에서 발표의 기회를 가졌다. 세계 각국에서 유명한 인형극단들이 초청된 가운데 특히 아시아의 전통극으로서 만석중놀이가 대상으로 꼽혔다고 주최자는 일러 주었다.

작법무 : 태경 스님
북 : 운공 스님
징 : 진락 스님
연출 : 심우성 , 미술 : 강승균, 음향 : 박용기
조종 : 송기복, 이정숙, 심규호

이 때에 사용한 만석중놀이의 「연희진행도」와 「조명 배치도」, 「무대시설 배치도」는 제7도, 제8도, 제9도와 같다.

3. 일응스님의 운심공양運心供養 및 지청知請 가사歌詞

「운심공양진언」은 일응스님이 첫 발표회 직전에 적은 것으로 해독키 어려운 곳이 있으나 그대로 소개한다.

「화청」도 일단 자료로써 녹음한 것을 음에 충실하는 방법으로 채록한 것으로 뜻을 가늠하기에 모호한 곳이 없지 않으나 그대로 기록한다. 이 방면의 전문가에 의하여 정리되기를 바란다.

「운심공양진언」은 일응스님이 발굴 발표회를 앞두고 자신이 암송하기 위하여 적은 것을 그대로 전사轉寫한 것인데 오자誤字가 몇 군데 보이나 역시 그대로 자료로 삼고자 한다.

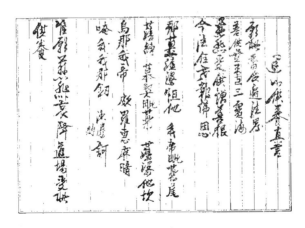

[제 6 도]

忘釋僧戱 演戱進行圖
(MAN SOK JUNG NORI)　　　　　劇画「서남장」

時間(分)	場　面		音　響	照　明	備　考
1〜3	(逢) 行列	忘釋僧 忘釋僧	梵　鐘		
4〜9					
10〜19	←十呈生→	(日月水石雲松竹鶴龜鹿不老草)	(回心曲) 和請		
20〜29					
30〜34	(溫) 行列	忘釋僧 忘釋僧	梵鐘 末尾		
35〜49	←(遭心偈作法)→	龍女意珠	←(遭心偈作法) 梵唄→		
50〜52	(燈) 行列	忘釋僧 忘釋僧	梵　鐘		

演出 : 沈雨晟　　　　美術 : 宋 基煥
音響 · 効果 : 朴 殷蓋
作法僧 : 金 鐘宦 (注石·台經)

[제 7 도]

忘釋僧戱· 舞台施設 配置図

劇團「서낭당」
S. 1/100

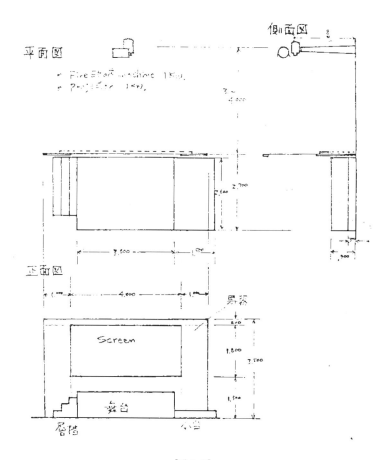

平面図

- Fire Effect machine (1kw)
- Projector (1kw)

側面図

正面図

Screen

舞台

階段   小路

黑幕

[제 8 도]

民俗文化 발자취   177

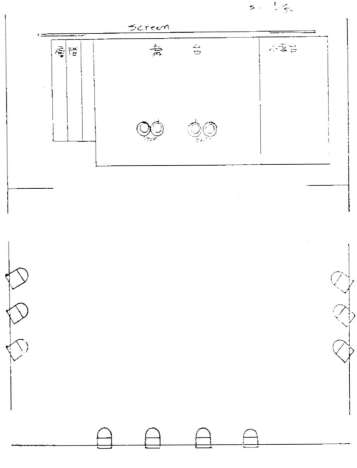

忘秋僧戲 照明 配置図

[제 9 도]

화정和請 가사

걸청 걸청 지심 걸청

걸랑 절랑 두어 두고

일심 봉청

오늘 날에 저므도록

지금까지 종찰 하시고

분별허든 제도감 스님은

어디를 가시고

종두대사는 법당 안에

금일 재자를 인도하서

모시여 놓고

다과진수를 탁자 위에다

진설 허시고

금일재자 왕생극락을

가실 적에

석가여래 부처님께서

무진법문을 설업시고

제도하사

오방에 오색 초록을

가려보자

대재 동방에 청유리 세계

청사동에다 청초코자

청련대상에 불을 밝혀

금일재자를 모셔 놓고

왕생극락을 가시라고

실상표법을 설업시고

남방에는 적유리 세계

적사 등에다 적초코자

적련 대상에 불을 밝혀

금일재자를 모셔 놓고

왕생극락을 가시라고

무진법문을 서럽시고

서방에는 백유리 세계

백사등에다 백초코자

백련대상에 불을 밝혀

금일재자문 위로하여

왕생극락을 가실 적에

상주설법을 설업시며

북방에는 흑유리 세계

흑사등에다 흑초코자

흑련대상에 불을 밝혀

금일재자를 모셔 놓고

왕생극락을 가시라고

고승염불로 자자코나

중앙에는 황유리 세계

황사등에다 황초코자

황련대상에 불을 밝혀

금일재자를 모셔 놓고

왕생극락을 가시라고

무진법문을 설업시고

오방에는 오색 초롱

주초 황초를

여기저기다 갈라 꽂아

명부 상단에 불을 밝혀

우담바라 꽃이 되면

오색 연화가 피어난대

연꽃마다 염불이라

앵무 공작 두견새는

주야 육시로

육자 염불로 울음을 우니

제불 보살이 왕림하사

금일재자를 천도코자

염불성으로 자자코나

염불하면 극락이요

극락세계가 어디런가

극락강을 바라보면

무변 대해로 건너가니

어떤 강은 청수강이요

어떤 강은 극락강이요

어떤 강은 지옥강인데

지옥강을 막아 놓고

극락강으로 모셔가니

부처님께서 방광하시어

극락강으로 인도하니

극락세계가 여기로다

남무 일심봉청

걸랑 절은 두어 두고

일체 중생은 심행대로

몽안 중생을 제도할제

수월도량을 널리 닦아

공화불사를 걸립하시고

지혜문을 열어 놓고

탐진호를 저바리시고

삼계화택을 영리하여

생사 바다를 건너갈제

상사 바다를 건너가서

반야용선을 무어 타고

인의예지로 양돛 달고

효자 충신은 노를 젓고

효부 열녀는 닻을 감어

이물사공은 인로왕보살이

천척 보계를 손에 들고

화만영락을 몸에다 걸고

이물사공이 되었으면

고물에는 지장보살이

장상명주를

대천세계로 비추시니

수종금석 팔만장엄으로

지옥 문전에 아미타불을

뚜렷하시게 칠보대상에

정좌 하여서 모셔 놓고

좌화상은 관세음보살

우화상은 대서지보살

팔부신장이 옹호하여

금일재자를 모셔놓고

왕생극락을 가실적에

가진 풍악이 진동하며

천동처녀 시위중에

건달바왕 가진 풍악이

반만 공중 에 사모치고

부는바람은 요풍이요

돋는달은 순월이라

요풍순월로 짝을 지어

아미타불

대원품으로 건너가니

극락세계가 여기로다

극락세계를 바라보니

염불중생을

연화선에 가득싣고

조주청단을 부여잡고

격양가를 부르면서

순식간에 건너가니

그 국토에 장엄보소

이 세상과는 판이틀려

황금으로는 땅이 되고

백은으로는 성을 쌓고

칠중난숭을 덮었는데

칠보나망을 둘렀구려

공명지주는 짝을 지어

이리 날아서 저리 가고

저리 날아서 이리 을제

이리 저리 짝을 지어

염불성으로 날아든다

저 극락을 어서 가서

불국세계를 친견하시고

선섬공덕을 널리 닦아

아미타불 실력으로

무상쾌락을 받아봅시오

남무 일심봉청 걸랑 절랑은

두어 두고

세계조판은 억천겁에

제일 성인이 그 누구신가

도솔천궁에 호명보살이

고해중생을 건지시려고

삼천년전에 인도국 에

마야부인 현몽받어

정반왕국에 탄생할제

갑인사월 초파일야

구룡토수로 몸을 씻고

쌍년부지 발을 받어

아수성 하신 말씀

사방 칠보를 걸으시고

일수지천은 일수지지

천상천하 유아독존

싯달태자가 존오막고

왕궁생장 열아홉살에

부귀영화가 뜻이 없어서

사문유관 하신 후에

생노병사가 괴로워라

유성출가 임신년에

설산으로만 깊이드시여

가란신선을 처음 만나

선도 배워서 알고보니

복진타락이 허탄이로다

육년고행을 다시하여

총무방중을 찾어들어

진기조사를 친견허시고

불붙상전 종지법은

양미순목 전수로다

황하수에 목욕허시고

보리수하에 정좌하여

백천마군을 항복받고

건명성 학철대오

임오 설달 팔일이라

허공신이 속부하여

수미산중에 북을 치면

싯달태자가 성불일세

사파세계 중생들아

속히와서 설법듣고

마음닦고서

좌우좌중을 하여보세

십호구족 석가여래

우담바라 꽃이피면

경쇠종탁이 슬피운다

무생무멸 묘종지은

신로하나 심불로라

늙지않는 마음 자법문은

사람마다 다 있으니

이법 한번을 깨칠랴면

격양가를 굳게 세워

결과부좌를 하옵소서

묵묵 관심을 하여보세

생노병사가 그 무엇인가

생노병사가 그 무엇이며

백발염치 호로신세

노사고는 못 면하나
윤회생사가 불수허여
팔만장경을 설허신 법과
역대 조사의 지시허던
심운무불 불수심은
역역히도 일렀어라
알기 쉽다 우리 종법
불설심이 종지로다
중생중에 심심단월
불보살님 실력으로
사해 대중이 한데모아
금일재자를 모셔놓고
왕생극락을 하시라고
고성염불로 자자고나

남무 일심봉청 걸랑 절랑은
두어 두고

동방세계 약사여래
왕림하사 생사죄가

순식간에 없어지니

극락세계가 여길레라

만고 영웅 호걸들도

죽음 두자를 못 면허시고

황천고혼이 웬일인가

초록같은 우리 인생

몽중같은 이 세상에

나 간다고 서러말고

살았다고 좋아마소

우리인생 풀끝에 이슬 같고

바람위에 촛불 같고

물위에 버금 같고

공수래 공수거요

하물며 일생일은

반승천자 두목지는 소동파요

이적선 삼천갑자

동방삭도 죽음 두자를 못 면허시고

황천객이 되었구려

적망 강산 새벽달은

슬피우는 두견새는

소리마다 염불이라

우리 인생 사람들은

생전에만 효순허시고

사후 고락을 모르시면

지극 효심이 간데 없네

나의 정성이 지극허면은

이런 효심을 아니볼까

접인 중생 들어봅시오

내 마음이 극락이요

극락세계가 내 마음이라

그 무엇으로 비유할까

인간세상 불쌍하고 가련하다

살기도 탐착말고

죽기도 두려워 마소

괴로움이 무량하니

수요장단이 이 뿐인가

자성불자 착한 사람

저승길로 바로 가서

관대하신 불보살님 실력으로

마음을 깨끗하게 닦아서

안양국토로 가고 보면

괴로움이 전혀 없네

허망하고 무상하다

인간세월 빠르도다

부귀빈천 간약없이

멀고 먼 길을 가고보면

이렇듯이 극락세계가 아니런가

가봅시다 가봅시다

좋은 국토로 가봅시다

천상인간 두어두고

극락세계로 가봅시다

극락이라 하는 곳은

온갖 고통이 전혀 없어

황금으로는 땅이 되고

연꽃으로 대를 지어

아미타불 주인 되시고

관음세지 부처되어

사십팔월을 세우시고

염불중생을 접인할제

제천음악 가진 풍악

천동처녀가 춤을 추면

오색광명 어린 곳에

생사바다를 건너가서

무량복락을 수용하며

너도 나도 차별없이

필경 성불 하고 마네

우리 범부 사람들은

성인 말씀을 아니듣고

저 극락을 아니가네

좋은 말씀 불신하여

과거생사를 모르시고

육도생사를 못 면하시네

이 세상에 나온 사람

부모없이 나왔는가

한량없는 부모님에

은혜를 입으시고

이 세상에 나왔으니

정토문에 썩 나서서

무상쾌락을 받아 봅시오

우리 세존 대법왕이

설교중에 이른 말씀

이 세상에 나왔거든

생사윤회를 빨리 벗고

불국세계로 돌아가시여

시방세계 제불전에 친견허시고

불도량을 널리 닦아

공덕장엄이 찬란허시니

불가사의 경지로다

내 마음이 불법이요

불법심이 내 마음이라

생노병사가 그 무엇인가

자성미타가 성불일세

나는 가네 나는 가네

오던 길로서 나는 가네

오던 길이 어데메뇨

열반 피안 거리런가

나간다고 설워말고

살았다고 좋아마소

만고제왕 그네들도

영영 이 길 가고마네

이 산 저 산 피는 꽃은

봄이 오면 쌌이 트나

이 골 저 골 장유수는

한 번 가면 다시 올까

저 봉 넘어 떴든구름

종자조차 볼 수 없네

공산야월 두견조는

날과 같은 한일런가

부귀영화 같은 복락

오늘날로 한이 없어

실상없이 사는 몸이

이제 다시 허망하다

몽중같은 이 세상에

초록같은 인생들도 들어보소

인간 칠십 고래희라

고인 먼저 일러서라 죽어가네

생각대로 못한 한은

태평바다에 눈물인가

영결이냐 왕생이냐

무거무래 참말이냐

무상이냐 생멸이냐
불생불멸 선진이다
천상인간 극락인가
열달 고해 지중이라
천지소멸 될지라도
일단 보면 역역하다
연화대로 간다든 이
오늘 내게 당도하니
화장장이 웬말인가
명당 찾아서 간다더니
공동묘지가 기중인가
악심 곡심 모진 사람
날 보아서 조심하소
탐욕심이 많은 사람
날 보아서 그만 두소
이기생활 하는 사람
날 보아서 조심하소
상해심이 많은 사람
날 보아서 조심하소
자비심이 많은 사람

날 보아서 향탄하소

무상인지 진상인지

생노병사가 그 뿐인라

과거런가 미래런가

열반 모두 어데런가

어목동정 의심마소

다과문이 몰아드니

다시 보니 장안이다

손지 광 누가 몰라

청풍명월 다름 없다

금일 면목 누가 몰라

청산유수 어데 서서

생사대사 깨친 사람

고금천지가 몇몇 인가

깨치거라 깨치거라

마음 닦아서 깨치거라

여러 신도님

이 법문을 들으시고

마음 닦아 소원성취 받옵소서

남무아미타불

(※ 1983.5.3 문예 회관 소극장 공연 실황을
일응 스님 감수 하에 채록 한 것임)

4. 맺는 말

발굴·발표회를 가진 지 어언 6년에 접어들건만 그 동안에 겨우 4번의 발표회밖에 갖지 못했다. 더욱이 10여명이 한 조組를 이루어야 연습도 되고 발표회도 가능하니 뜻을 같이하는 사람을 모이기도 어렵다.

현재 한국민속극연구소는 인형과 연희도구를 되도록 손상되지 않도록 보존하고 있다. 그러나 이 물품들은 보존에 가치가 있는 것이 아니라 부단히 놀이를 재현함으로서 잘못도 고쳐지고 본디의 가치도 되살아나며 나아가서는 그림자극의 맥락도 이어 나갈 수 있어야 한다는 생각이다. 십장생인 해(日), 달(月), 물(水), 돌(石), 구름(雲), 소나무(松), 불노초(芝), 거북이(龜), 학(鶴), 사슴(鹿)의 형태가 과연 얼마만큼 전통적 모양을 하고 있는지?

갖가지 등과 용, 잉어의 자태는 어떤지? 앞으로 이 방면의 전문가에 의해서 역시 부단히 손질 되어야 하리라 믿는다. 끝으로 1986년 일본 오사까에서 있었던 「 86 오사까 국제인형극 페스티발」에 제출했던 《만석중놀이》에 대한 필자의 짧은 해설을 첨부한다.

– 50년 만에 복원 · 재현된 한국 유일의 그림자극 〈만석중놀이〉 –

오늘날 한국에 전하는 전통적 그림자극은 만석중놀이(망석승희忘釋僧戲) 하나 밖에 없다. 이 극은 1930년대초까지만 해도 경기도 개성시 부근의 절이나 마을 주변 에서 놀아졌었다한다. 주로 음력 4월 초파일 석가모니 탄신일을 경축하여 그 전후 몇 일간 상연되었던 것이지만 그 후로는 거의 인멸의 상태에 있었다. 이것을 1980년부 터 한국민속극연구소가 재구성 작업을 시작하여 몇 분의 고로 관극자들의 증언을 바 탕으로 부설 극단인 「서낭당」으로 하여금 1983년 발표하기에 이른 것이다. 이 극은 대사는 한 마디도 없이 불교의 포교나 의식에 쓰이는 음악을 반주로 진행된다. 처음 범종소리를 배음으로 연등 행렬로 시작된 후 「화청」이라 하는 가창에 맞추어 십장생 이 차례로 등장하여 한 폭의 「10장생도」를 이루지만 「십장생」도 오래 지속하지를 못하고 다시 하나하나 사라진다.

다음에는 목어木魚가 등장했다가 퇴장하면 큰 용과 잉어가 여의주를 놓고 서 로 먹으려 겨루지만 어느 쪽도 뜻을 이루지 못한다. 큰 용과 잉어의 꿈틀거리는 화면 을 배경으로 한 스님 이 나와 「운심게작법」이란 불교의식무용을 추는데 그 모습은 흡사 「…큰 물고기 어항 속에 노니는 자태…」로 설명되고 있다.

끝마무리에서 다시 범종 소리를 배음으로 연등행렬이 있다.

KBS TV 〈인형극 제작실〉 1988년 10월 10일   만석중

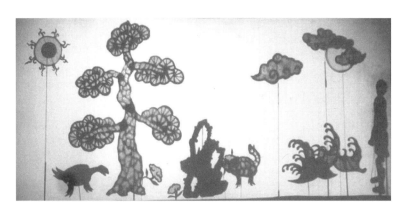

〈만석중놀이〉 전면도

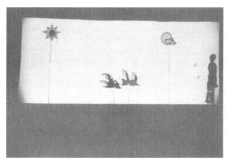

해, 물, 달, 만석중의 장면

같은 장면

사슴, 만석중의 장면

十長生圖의 장면

탑 등을 비롯한 갖가지 燈

막 뒤에서 본 구름, 소나무

막 뒤에서 본 구름, 용, 사슴, 불로초, 물

막 뒤에서 본 구름, 용, 여의주

작법무를 추는 스님

運心偈作法의 장면

저자와
협의하여
인지 생략

민속문화 발자취

지은이 | 심우성 지음
펴낸이 | 一庚 張少任
펴낸곳 | 돌설 답게

초판 인쇄 | 2016년 6월 10일
초판 발행 | 2016년 6월 15일

등록 | 1990년 2월 28일, 제21-140호
주소 | 04994 서울시 광진구 면목로 29(2층)
전화 | (편 집)469-0464, 462-0464
　　　(영 업)463-0464, 498-0464
팩스 | 02)498-0463
홈페이지 | www.dapgae.co.kr
e-mail | dapgae@gmail.com, dapgae@korea.com

ISBN 89-7574-284-2

나답게 · 우리답게 · 책답게

* 책값은 뒤표지에 있습니다.
* 잘못 만들어진 책은 바꾸어 드립니다.